Perguntas e Respostas

PAPA BENTO XVI

Perguntas e Respostas

Tradução:
EUCLIDES LUIZ CALLONI
CLEUSA MARGÔ WOSGRAU

Editora
Pensamento
SÃO PAULO

Título original: *Questions and Answers.*
Copyright © 2008 Libreria Editrice Vaticana.
Foto da capa: Stefano Spaziani.

Todos os direitos reservados. Nenhuma parte deste livro pode ser reproduzida ou usada de qualquer forma ou por qualquer meio, eletrônico ou mecânico, inclusive fotocópias, gravações ou sistema de armazenamento em banco de dados, sem permissão por escrito, exceto nos casos de trechos curtos citados em resenhas críticas ou artigos de revistas.

A Editora Pensamento-Cultrix Ltda. não se responsabiliza por eventuais mudanças ocorridas nos endereços convencionais ou eletrônicos citados neste livro.

Citações bíblicas extraídas de: A BÍBLIA DE JERUSALÉM. Edições Paulinas, São Paulo, 1985. Tradução das introduções e notas de *La Sainte Bible*, edição de 1973, publicada sob a direção da "École Biblique de Jérusalem". Direção editorial: Tiago Giraudo — Coordenação editorial: José Bortolini — Coordenação gráfica: Honório Dalbosco. Edição em língua francesa: Les Éditions Du Cerf, Paris, 1973, ed. revista e aumentada.

Dados Internacionais de Catalogação na Publicação (CIP)
(Câmara Brasileira do Livro, SP, Brasil)

Bento XVI, Papa, 1927
 Perguntas e respostas / Papa Bento XVI ; tradução Euclides Luiz Calloni, Cleusa Margô Wosgrau. — São Paulo : Pensamento, 2009.

Título original: Questions and answers
ISBN 978-85-315-1583-5

1. Igreja Católica - Miscelânea 2. Perguntas e respostas 3. Teologia — Miscelânea I. Título.

09-05178   CDD-282

Índices para catálogo sistemático:
1. Igreja Católica : Perguntas e respostas : Cristianismo 282

O primeiro número à esquerda indica a edição, ou reedição, desta obra. A primeira dezena à direita indica o ano em que esta edição, ou reedição, foi publicada.

Edição   Ano
1-2-3-4-5-6-7-8-9-10   09-10-11-12-13-14-15

Direitos de tradução para o Brasil
adquiridos pela
EDITORA PENSAMENTO-CULTRIX LTDA.
Rua Dr. Mário Vicente, 368 — 04270-000 — São Paulo, SP
Fone: 2066-9000 — Fax: 2066-9008
E-mail: pensamento@cultrix.com.br
http://www.pensamento-cultrix.com.br
que se reserva a propriedade literária desta tradução.

Sumário

Nota do Editor 7

I. Perguntas Feitas por Crianças 11
II. Perguntas Feitas por Sacerdotes da Diocese de Roma 21
III. Perguntas Feitas por Jovens de Roma 47
IV. Perguntas Feitas por Sacerdotes da Diocese de Albano 63
V. Perguntas Feitas por Sacerdotes da Diocese de Roma, Parte 2 89
VI. Perguntas Feitas por Sacerdotes das Dioceses de Belluno-Feltre e Treviso 117
VII. Perguntas Feitas por Jovens da Itália 149

Apêndice: Referências das Sagradas Escrituras 157

Nota do Editor

Pouco depois de eleito papa em 2005, Bento XVI encontrou uma maneira original de comunicar-se com vários grupos na Igreja, não somente por meio da oração e de alocuções a eles dirigidas, mas por meio de diálogos — na forma de sessões de perguntas e respostas com o grupo. Este livro é uma coletânea dessas sessões, realizadas entre 2005 e 2007, com audiências bem diferentes, como crianças que haviam recebido a Primeira Eucaristia recentemente, jovens e sacerdotes. As perguntas abrangem uma ampla variedade de temas, como uma leitura atenta do Índice Temático no Apêndice II demonstrará.

Ao apresentar essas perguntas em forma de livro, procuramos uniformizá-las o mais possível, mas o leitor poderá perceber que nem sempre conseguimos fazer isso. Acrescentamos traduções de algumas expressões latinas (agradecemos ao Pe. John Zuhlsdorf a ajuda que recebemos nessa tarefa) que não foram traduzidas originalmente, quando o Santo Padre deu as respostas. Também acrescentamos a numeração progressiva de todas as perguntas para facilitar o cotejo com as Referências das Sagradas Escrituras e com o Índice Temático, apresentados nos apêndices.

MICHAEL DUBRUIEL
Our Sunday Visitor

Perguntas e Respostas

I. Perguntas Feitas por Crianças

Em 15 de outubro de 2005, o papa Bento XVI encontrou-se na Praça de São Pedro com um grupo de crianças que haviam recebido a Primeira Eucaristia durante o ano anterior. Nessa ocasião, ele respondeu às perguntas a seguir.

1. Querido Papa, quais são as lembranças do dia da sua Primeira Eucaristia?[1]

Antes de mais nada, eu gostaria de agradecer-lhes esta celebração de fé que estão me oferecendo, e também a presença e a alegria de vocês. Eu os saúdo, e agradeço o abraço que recebi de alguns, um abraço que, sem dúvida, representa simbolicamente o de todos vocês.

Lembro-me muito bem do dia da minha Primeira Eucaristia. Era um belo domingo de março de 1936, 69 anos atrás. Era um dia de sol, a igreja muito bonita, a música [...]. Eram tantas as coisas bonitas que me lembro. Éramos uns trinta meninos e meninas do nosso pequeno povoado de não mais de 500 habitantes.

Mas no centro das minhas lembranças alegres e belas está este pensamento: compreendi que Jesus havia entrado no meu coração, que havia realmente me visitado. E com Jesus, o próprio Deus estava comigo. E entendi que este é um presente de amor que realmente vale mais do que todas as outras coisas que a vida pode oferecer.

Assim, eu estava repleto de alegria naquele dia, porque Jesus viera a mim. Compreendi que começava uma nova etapa da minha vida, eu tinha 9 anos, e que daí em diante era importante manter-me fiel a esse encontro, a essa Comunhão. Prometi ao Senhor tudo o que me era possível: "Quero estar sempre contigo" e rezei: "Mas, acima de tudo, fica comigo". E assim fui vivendo a minha vida; graças a Deus, o Senhor sempre me segurou pela mão e me guiou, mesmo nas situações difíceis.

Desse modo, aquele dia da minha Primeira Eucaristia foi o início de uma caminhada feita juntos. Espero que também para todos vocês a Primeira Eucaristia que receberam seja o início de uma amizade

---

[1]. Pergunta feita por Andrea.

com Jesus para toda a vida, o início de uma caminhada juntos, porque andando com Jesus andamos bem e a vida se torna boa.

2. *Santo Padre, antes da minha Primeira Eucaristia, eu me confessei. Também me confessei outras vezes. Mas gostaria de perguntar-lhe: Devo confessar-me todas as vezes que recebo a Comunhão, mesmo quando cometi os mesmos pecados? Porque percebo que são sempre os mesmos.*[2]

Direi duas coisas: a primeira, naturalmente, é que você não precisa se confessar sempre antes da Comunhão, a não ser que tenha cometido pecados tão graves que seria necessário confessá-los. Por isso, não é preciso confessar-se antes de cada Comunhão Eucarística. Esse é o primeiro ponto. Só é necessário no caso de você ter cometido um pecado realmente grave, de ter ofendido profundamente a Jesus, de modo que a amizade foi rompida e você precisa recomeçar novamente. Só nesse caso, quando se está em pecado "mortal", isto é, grave, é necessário confessar-se antes da Comunhão. Esse é o primeiro ponto.

O segundo: Embora, como eu disse, não seja necessário confessar-se antes de cada Comunhão, é muito útil confessar-se com certa regularidade. É verdade, em geral os nossos pecados são sempre os mesmos, mas nós limpamos as nossas casas, os nossos quartos, pelo menos uma vez por semana, mesmo que a sujeira seja sempre a mesma; para viver no limpo, para recomeçar. Talvez não se veja a sujeira, mas ela se acumula. Uma coisa parecida acontece com relação à alma, com relação a mim mesmo: se nunca me confesso, negligencio a minha alma e, no fim, estou sempre satisfeito comigo mesmo e deixo de compreender que devo também trabalhar para ser melhor, para progredir. E essa limpeza da alma que Jesus nos dá no Sacramento da Confissão nos

---

[2]. Pergunta feita por Livia.

ajuda a ter uma consciência mais alerta, mais aberta, e assim também a amadurecer espiritualmente e como pessoas humanas.

Duas coisas, portanto: só é necessário confessar-se no caso de um pecado grave, mas é muito útil confessar-se regularmente para cultivar a limpeza e a beleza da alma e para amadurecer dia a dia na vida.

3. Ao preparar-me para o dia da Primeira Eucaristia, a minha catequista disse que Jesus está presente na Eucaristia. Mas como? Eu não o vejo![3]

Não, não o vemos, porém são muitas as coisas que não vemos, mas que existem e são essenciais. Por exemplo, não vemos a nossa razão, mas nós temos uma razão. Não vemos a nossa inteligência, mas temos uma inteligência. Numa palavra, não vemos a nossa alma, e no entanto ela existe e vemos os seus efeitos, porque podemos falar, pensar, decidir, etc. Também não vemos a corrente elétrica, por exemplo, mas percebemos que ela existe; vemos este microfone, que funciona; vemos as luzes. Em resumo, as coisas mais profundas, aquelas que realmente sustentam a vida e o mundo, nós não vemos, mas podemos ver e sentir os efeitos que produzem. Não vemos a eletricidade, a corrente elétrica, mas vemos a luz. E assim por diante.

Assim acontece com o Senhor Ressuscitado: Não o vemos com os nossos olhos, mas vemos que onde Jesus está, as pessoas mudam, tornam-se melhores. Cria-se uma maior capacidade de paz, de reconciliação, etc. Portanto, não vemos o Senhor em carne e osso, mas vemos os efeitos que Ele produz: compreendemos assim que Jesus está presente. Como eu disse, exatamente as coisas invisíveis é que são as mais profundas e importantes. Por isso, vamos ao encontro desse Senhor invisível, mas poderoso, que nos ajuda a viver bem.

---

3. Pergunta feita por Andrea.

4. V. Santidade, todos nos dizem que é importante ir à missa aos domingos. Nós iríamos com toda boa vontade, mas muitas vezes os nossos pais não nos acompanham porque reservam o domingo para dormir. O pai e a mãe de um amigo meu trabalham numa loja, e nós às vezes vamos ao interior para visitar os nossos avós. O senhor poderia dizer alguma coisa a eles, para que compreendam que é importante irmos à missa juntos, todos os domingos?[4]

Penso que sim, naturalmente, com grande amor e com grande respeito pelos pais que, certamente, têm muitas coisas a fazer. No entanto, com o respeito e o amor de uma filha, você poderia dizer a eles: "Querida mamãe, querido papai, é muito importante para nós todos, também para vocês, encontrar-nos com Jesus. Esse encontro nos enriquece. É um elemento importante em nossa vida. Vamos, juntos, encontrar um pouco de tempo, podemos descobrir uma possibilidade. Talvez haja um jeito de fazer isso também onde mora a vovó."

Em resumo, com grande amor e respeito pelos pais, eu lhes diria: "Compreendam que isto não é importante só para mim, não são apenas os catequistas que dizem isso, mas é importante para todos nós. E a luz do domingo brilhará para toda a nossa família."

5. Qual é a utilidade para o nosso dia a dia participar da santa missa e receber a Comunhão?[5]

Ajuda a encontrar o centro da vida. Vivemos no meio de tantas coisas. E as pessoas que não vão à igreja não sabem que é exatamente Jesus que lhes falta. Mas sentem que falta alguma coisa em sua vida.

---

4. Pergunta feita por Giulia.
5. Pergunta feita por Alessandro.

Se Deus está ausente da minha vida, se Jesus está ausente da minha vida, não tenho um guia, não tenho um amigo essencial. Não tenho nem mesmo uma alegria que é importante para a vida, a força de me desenvolver como homem, de superar os meus vícios e de amadurecer como ser humano.

Portanto, não vemos imediatamente os efeitos de estar com Jesus quando comungamos. Mas com o passar das semanas e dos anos, sentimos mais intensamente a ausência de Deus, a ausência de Jesus. É uma lacuna fundamental e destrutiva. Eu poderia facilmente falar de países onde o ateísmo predominou durante anos: como as almas ficaram destruídas, e também a terra. Podemos assim ver que é importante, fundamental, eu diria, nutrir-se de Jesus na Comunhão. É Ele que nos dá a luz, que nos indica a orientação para a nossa vida, uma orientação que necessitamos.

6. Querido papa, o senhor poderia explicar-nos o que Jesus queria dizer quando falou às pessoas que o seguiam: "Eu sou o pão da vida?"[6]

Antes de mais nada, talvez devamos esclarecer o que é o pão. Temos hoje uma cozinha refinada e rica em muitos diferentes alimentos, mas em situações mais simples o pão é a fonte básica da nutrição; e quando Jesus chama a si mesmo de pão da vida, o pão é, digamos, a sigla, uma abreviação para todo alimento. E como precisamos alimentar o corpo para viver, assim também precisamos alimentar o nosso espírito, a nossa alma e a nossa vontade. Como pessoas humanas, não temos apenas um corpo, mas também uma alma; somos seres pensantes com uma vontade, uma inteligência. Devemos alimentar também o espírito, a alma, para que ele possa amadurecer e realmente chegar à sua plenitude.

---

6. Pergunta feita por Anna.

Portanto, se Jesus diz: "Eu sou o pão da vida", significa que Ele mesmo é o alimento para a nossa alma, para o nosso ser interior, porque também a alma precisa nutrir-se. E não são suficientes as coisas técnicas, por mais importantes que sejam. Precisamos realmente da amizade de Deus, que nos ajuda a tomar as decisões certas. Precisamos amadurecer como seres humanos. Em outras palavras, Jesus nos alimenta para que nos tornemos realmente pessoas maduras e a nossa vida se torne boa.

7. Santo Padre, o que é a Adoração Eucarística? Como se faz? O senhor poderia explicar-nos? Obrigado.[7]

Veremos logo o que é a adoração e como se faz, porque tudo foi bem preparado: faremos orações, cantaremos, ajoelharemos, e assim estaremos na presença de Jesus.

Naturalmente, porém, a sua pergunta exige uma resposta mais profunda: não só como fazer, mas também o que é a adoração. Eu diria: adoração é reconhecer que Jesus é o meu Senhor, que Jesus me mostra o caminho a seguir, me faz compreender que só posso viver bem se conheço a estrada que Ele indica, se sigo o caminho que Ele mostra.

Portanto, adorar é dizer: "Jesus, eu sou teu e te sigo na minha vida. Não quero jamais perder essa amizade, essa comunhão contigo." Eu poderia dizer também que adoração é essencialmente um abraço com Jesus em que lhe digo: "Eu sou teu, e te peço, fica sempre comigo."

Palavras Finais do Santo Padre

Queridos meninos e meninas, irmãos e irmãs! No fim deste belíssimo encontro, tenho uma única palavra: Obrigado.

---

7. Pergunta feita por Adriano.

Obrigado por esta festa da fé.

Obrigado por este encontro entre nós e com Jesus.

E obrigado, evidentemente, a todos os que tornaram esta celebração possível: os catequistas, os sacerdotes, as irmãs; todos vocês.

Para concluir, repito as palavras do início de toda liturgia, e digo a todos: "A paz esteja com vocês"; isto é, o Senhor esteja com vocês, a alegria esteja com vocês, e assim, a vida seja boa.

Bom domingo, boa noite e até outra oportunidade, todos juntos com o Senhor.

Muito obrigado!

II. Perguntas Feitas por Sacerdotes da Diocese de Roma

As perguntas a seguir foram feitas por sacerdotes da Diocese de Roma durante um encontro com o papa Bento XVI na Praça São Pedro em 2 de março de 2006.

As perguntas a seguir foram feitas por sacerdotes da Diocese de Roma durante um encontro com o papa Bento XVI na Praça São Pedro em 2 de maio de 2006.

Palavras de Abertura do Santo Padre

Em primeiro lugar, eu gostaria de expressar a minha alegria por estar aqui convosco, queridos sacerdotes de Roma. É uma verdadeira alegria ver tantos bons pastores a serviço do "Bom Pastor" aqui, na primeira Sede da Cristandade, na Igreja que "preside à caridade" e que deve ser modelo das outras Igrejas locais. Obrigado pelo vosso serviço!

Temos o exemplo luminoso do padre Andrea[8], que nos mostra o que significa "ser" sacerdote até as últimas consequências: morrer por Cristo no momento da oração e assim testemunhar, por um lado, a interioridade da própria vida com Cristo e, por outro, o próprio testemunho pelos homens num ponto realmente "pamperiférico" do mundo, cercado pelo ódio e pelo fanatismo de outros. É um testemunho que inspira a todos a seguir a Cristo, a dar a própria vida pelos outros e assim encontrar a Vida.

8. Santo Padre, é a primeira vez que nos encontramos com V. Santidade nesta reunião quaresmal. Eu gostaria de lembrar o amado servo de Deus João Paulo II. Nas palavras que V. Santidade pronunciou nos funerais dele, vi uma continuidade entre vós e vosso amado predecessor: "Podemos ter certeza de que o nosso amado Papa está hoje à janela da Casa do Pai, que nos vê e nos abençoa." Esse pensamento inspira um soneto escrito em dialeto romano que dediquei a V. Santidade: "Uma janela no céu."

Com relação à primeira pergunta, quero, antes de tudo, dizer um grande "obrigado" por este maravilhoso poema! Existem também poetas

---

8. Padre Andrea Santoro, sacerdote italiano, foi assassinado na Igreja de Santa Maria, em Trabzon, Turquia, no dia 5 de fevereiro de 2006.

e artistas na Igreja de Roma, no presbitério de Roma, e terei ainda a possibilidade de meditar, de interiorizar essas belas palavras e de ter presente que esta "janela" está sempre "aberta". Talvez esta seja uma oportunidade para relembrar a herança fundamental do grande papa João Paulo II e para continuar a assimilar cada vez mais essa herança.

Iniciamos ontem a Quaresma. A liturgia de hoje nos oferece uma profunda indicação do significado fundamental da Quaresma: é um indicador de caminho para a nossa vida. Por isso me parece — refiro-me ao papa João Paulo II — que devemos insistir um pouco sobre a Primeira Leitura do dia de hoje. O grande discurso de Moisés no limiar da Terra Santa, depois dos quarenta anos da peregrinação no deserto, é um resumo de toda a Torá, de toda a Lei. Encontramos aqui o essencial, não só para o povo judeu, mas também para nós. Esse essencial é a palavra de Deus: "Eu te propus a vida ou a morte, a bênção ou a maldição. Escolhe, pois, a vida" (Dt 30:19).

Essas palavras fundamentais da Quaresma são também as palavras fundamentais da herança do nosso grande papa João Paulo II: "Escolhe a vida." Esta é a nossa vocação sacerdotal: escolher nós próprios a vida e ajudar os outros a escolher a vida. Trata-se de renovar na Quaresma a nossa, por assim dizer, "opção fundamental" — a opção pela vida.

Mas surge imediatamente a pergunta: Como se escolhe a vida? Como se faz? Refletindo sobre isso, lembrei-me que a grande deserção com relação ao Cristianismo ocorrida no Ocidente nos últimos cem anos foi precisamente em nome da opção pela vida. Foi dito — penso em Nietzsche, mas também em muitos outros — que o Cristianismo é uma opção contra a vida. Com a cruz, com todos os mandamentos, com todos os "sãos" que ele nos propõe, alguns disseram que ele fecha a porta da vida.

Mas nós queremos ter a vida, e escolhemos, optamos, finalmente, pela vida, libertando-nos da cruz, libertando-nos de todos esses mandamentos e de todos esses "nãos". Queremos ter a vida em abundância, nada senão a vida.

Aqui logo vêm à mente as palavras do Evangelho de hoje: "Pois aquele que quiser salvar a sua vida vai perdê-la, mas o que perder a sua vida por causa de mim, esse a salvará" (Lc 9:24). Esse é o paradoxo que devemos antes de tudo ter presente ao optar pela vida. Não pretendendo a vida só para nós, mas unicamente dando-a, não tendo a vida e agarrando-nos a ela, mas dando-a, é que podemos encontrá-la. Este é o sentido último da Cruz: não procurar a vida para si mesmo, mas dar a própria vida.

Assim, o Novo e o Antigo Testamentos andam juntos. Na Primeira Leitura do Deuteronômio, a resposta de Deus é: "Eu hoje te ordeno — amando a Iahweh teu Deus, andando em seus caminhos e observando seus mandamentos, seus estatutos e suas normas —, viverás" (Dt 30:16). À primeira vista, isso não nos agrada, mas é o caminho: a opção pela vida e a opção por Deus são idênticas. O Senhor diz isto no Evangelho de São João: "Ora, a vida eterna é esta: que eles te conheçam" (Jo 17:3).

A vida humana é uma relação. Só numa relação, e não fechados em nós próprios, podemos ter a vida. E a relação fundamental é a relação com o Criador; de outro modo, as outras relações são frágeis. Portanto, é essencial escolher Deus. Um mundo esvaziado de Deus, um mundo que esqueceu Deus, perde a vida e cai numa cultura de morte.

Escolher a vida, fazer a opção pela vida, portanto, significa acima de tudo escolher a opção de uma relação com Deus. Mas, surge imediatamente a pergunta: Com qual Deus? Aqui, de novo, o Evangelho nos ajuda: com o Deus que nos mostrou a sua face em Cristo, o Deus que venceu o ódio na cruz, isto é, no amor até ao fim. Assim, escolhendo esse Deus, escolhemos a vida.

O papa João Paulo II deu-nos a grande Encíclica *Evangelium Vitae*. Nela — é quase um retrato dos problemas da cultura de hoje, das esperanças e dos perigos — podemos ver claramente que uma sociedade que esquece Deus, que exclui Deus, precisamente para ter a vida, cai numa cultura de morte.

Exatamente para ter a vida, digo "Não" à criança porque me toma alguma parte da minha vida; dizemos "Não" ao futuro para ter todo o presente; dizemos "Não" seja à vida que nasce seja à vida que sofre, que se encaminha para a morte. Esta aparente cultura da vida torna-se a anticultura da morte, onde Deus está ausente, onde está ausente aquele Deus que não ordena o ódio, mas vence o ódio. Aqui optamos verdadeiramente pela vida.

Consequentemente, tudo está relacionado: a opção mais profunda por Cristo Crucificado com a opção mais completa pela vida, desde o primeiro momento até ao último.

Parece-me que este, de certa forma, é também o núcleo da nossa pastoral: ajudar as pessoas a fazer a verdadeira opção pela vida, a renovar a relação com Deus como a relação que nos dá a vida e nos mostra o caminho para a vida. E assim amar de novo a Cristo, que do Ser mais desconhecido, ao qual não chegávamos e que permanecia enigmático, se tornou um Deus conhecido, um Deus com um rosto humano, um Deus que é amor.

Tenhamos presente precisamente este ponto fundamental para a vida e consideremos que este programa contém todo o Evangelho, do Antigo ao Novo Testamento, que tem Cristo como centro. A Quaresma, para nós mesmos, deve ser o tempo para renovar o nosso conhecimento de Deus, a nossa amizade com Jesus, para assim sermos capazes de guiar os outros de modo convincente à opção pela vida, que é antes de tudo opção por Deus. Para nós próprios deve ser claro que, escolhendo Cristo, não optamos pela negação da vida, mas escolhemos realmente a vida em abundância.

A opção cristã é basicamente muito simples: é a opção do "Sim" à vida. Mas esse "Sim" só se realiza com um Deus que é conhecido, com um Deus que tem um rosto humano. Realiza-se seguindo esse Deus na comunhão do amor. Tudo o que eu disse até agora quer ser um modo de renovar a nossa lembrança do grande papa João Paulo II.

9. Como pároco, peço-lhe algumas palavras de conforto e de alegria para as mães. Recordando as nossas mães, sua fé, o peso e a força espiritual que tiveram na nossa formação humana e cristã, ajude-nos, V. Santidade, a falar às mães de todas as crianças, dos meninos e meninas que frequentam o catecismo, e que muitas vezes se distraem facilmente. Diga-nos uma palavra que possamos levar às mães e dizer-lhes: "É isto que o Papa vos diz."

Falemos da segunda intervenção, tão simpática, a propósito das mães. Eu diria que não posso comunicar agora grandes programas, palavras que poderia dizer às mães. Dizei-lhes simplesmente: o papa vos agradece! Agradece-vos porque destes a vida, porque quereis ajudar esta vida que cresce e quereis assim construir um mundo humano, contribuindo para o futuro humano.

E fazeis isso não só dando a vida biológica, mas também comunicando o centro da vida, fazendo conhecer Jesus, introduzindo os vossos filhos no conhecimento de Jesus e na amizade com Jesus. Este é o fundamento de toda catequese.

Por isso, é preciso agradecer às mães principalmente porque tiveram a coragem de dar a vida. E devemos pedir às mães que completem essa dádiva de vida dando a amizade com Jesus.

10. O Santíssimo Sacramento é exposto para adoração 24 horas por dia na igreja de Santa Anastásia, no Palatino, onde os fiéis se revezam para fazer a Adoração Perpétua. A minha sugestão é no sentido de se realizar a Adoração Perpétua da Eucaristia em cada um dos cinco setores da diocese de Roma.

A terceira pergunta foi feita pelo Reitor da igreja de Santa Anastásia. Talvez aqui eu possa dizer, entre parênteses, que a igreja de Santa Anastásia já me era cara antes de a ter visto, porque era a igreja titular do nosso Cardeal de Faulhaber. Ele sempre nos deixou cientes de que havia em Roma uma igreja sua, a de Santa Anastásia. Sempre nos encontramos com essa comunidade por ocasião da segunda Missa de Natal, dedicada à "*statio*"[9] de Santa Anastásia.

Os historiadores dizem que era em Santa Anastásia que o papa devia visitar o governador bizantino, que tinha ali a sua sede. Essa igreja nos faz pensar também naquela santa, e assim também em "Anastasis"[10]. No Natal pensamos também na Ressurreição.

Eu não sabia, e agradeço ter sido informado, que agora essa igreja é sede da "Adoração Perpétua"; assim, ela é um ponto central da vida de fé de Roma. Entrego confiante aos cuidados do Cardeal Vigário o estudo desta proposta de criar cinco lugares de Adoração Perpétua nos cinco Setores da Diocese de Roma.

Eu gostaria de dizer apenas: graças a Deus que depois do Concílio, depois de um período em que faltava um pouco o sentido da adoração eucarística, a alegria dessa adoração renasceu em toda parte na Igreja, como vimos e ouvimos no Sínodo sobre a Eucaristia. Sem dúvida, a Constituição conciliar sobre a Liturgia nos possibilitou descobrir plenamente toda a riqueza da Eucaristia celebrada em que se realiza

---

9. Palavra latina para "estação", como no antigo costume romano de "igrejas de estação" durante a Quaresma, domingos do Advento, os dias de têmporas e outras grandes festas. Havia 84 dias de estação. Esse é um costume que remonta pelo menos ao tempo de São Gregório Magno (morto em 604). As pessoas se reuniam numa igreja para as orações iniciais, a igreja de "concentração", e então seguiam em procissão para outra igreja, a igreja "ponto de parada" ou "estação" para a missa. Esse costume é mantido em Roma até os dias atuais, especialmente pelos seminaristas do Colégio Norte-Americano e por uma confraria romana dedicada aos mártires e santos de Roma. Mesmo hoje, o *Missal Romano* de 2002 recomenda essa prática para as dioceses.
10. Termo grego para "ressurreição". Há um jogo de palavras entre o nome da igreja "estação" para a segunda das três missas tradicionais de Natal, Santa Anastásia, e a palavra grega para "ressurreição". A Basílica de Santa Anastásia, próxima do Circo Máximo, era uma das 25 *tituli* originais, ou aproximadamente "igrejas paroquiais" da antiga Roma. O nome de Santa Anastásia foi acrescentado ao Cânone Romano no século V.

o testamento do Senhor: Ele se doa a nós, e nós respondemos doando-nos a Ele. Mas, agora, descobrimos que sem a Adoração como ato consequente da comunhão recebida, esse centro que o Senhor nos deu, isto é, a possibilidade de celebrar o seu sacrifício e desse modo entrar em comunhão sacramental, quase corporal, com Ele perde a sua profundidade e também a sua riqueza humana.

Adoração significa entrar com a profundidade do nosso coração em comunhão com o Senhor que se faz corporalmente presente na Eucaristia. No ostensório, ele sempre se põe nas nossas mãos e nos convida a unir-nos à sua Presença, ao seu Corpo ressuscitado.

11. *Vós sois um "professor" que orienta o pensamento numa fé "plenamente humana". Somos sempre tocados pelas vossas palavras, pela harmonia em que cada ponto encontra seu centro, numa síntese viva, de modo especial num tempo tão fragmentado como o nosso. Como podemos ajudar os leigos a compreender essa síntese de harmonia, essa catolicidade da fé?*

Vamos à quarta pergunta. Se entendi bem, mas não tenho certeza, era: "Como chegar a uma fé viva, a uma fé realmente católica, a uma fé concreta, intensa, eficiente?"

A fé, em última análise, é um dom. Por conseguinte, a primeira condição é permitir que alguma coisa nos seja dada, não ser autossuficientes ou fazer tudo sozinhos, porque não podemos, mas abrir-nos na consciência de que o Senhor doa realmente.

Parece-me que este gesto de abertura é também o primeiro gesto da oração: abrir-se à presença do Senhor e ao seu dom. Esse é também o primeiro passo para receber algo que nós não fazemos e que não podemos ter, se pretendemos fazê-lo sozinhos.

Devemos fazer esse gesto de abertura, de oração — dai-me fé, Senhor! — com todo o nosso ser. Devemos entrar nessa disponibilidade de aceitar o dom e de deixar-nos permear pelo dom no nosso pensamento, no nosso afeto, na nossa vontade.

Neste ponto, parece-me muito importante realçar um aspecto fundamental: ninguém crê só por si mesmo. Nós sempre cremos na Igreja e com a Igreja. O Credo é sempre um ato partilhado, um deixar-se inserir numa comunhão de caminho, de vida, de palavra, de pensamento.

Nós não "fazemos" a fé, no sentido de que é antes de tudo Deus que a dá. Mas não a "fazemos" também no sentido de que ela não deve ser inventada por nós. Devemos deixar-nos cair, por assim dizer, na comunhão da fé, da Igreja. Crer é um ato católico em si. É participação nessa grande certeza que está presente no sujeito vivo da Igreja.

Só assim podemos também compreender a Sagrada Escritura na diversidade de uma leitura que se desenvolve há mil anos. É uma Escritura porque é um elemento, expressão do único sujeito — o Povo de Deus — que em sua peregrinação é sempre o mesmo sujeito. Naturalmente, é um sujeito que não fala por si, mas é criado por Deus — a expressão clássica é "inspirado" — um sujeito que recebe, depois traduz e comunica essa palavra. Essa sinergia é muito importante.

Sabemos que o Alcorão, segundo a fé islâmica, é uma palavra dada verbalmente por Deus, sem mediação humana. O Profeta não é envolvido. Ele só a escreveu e comunicou. É palavra pura de Deus.

Para nós, porém, Deus entra em comunhão conosco, faz-nos cooperar, cria esse sujeito e nesse sujeito sua palavra cresce e se desenvolve. Essa parte humana é essencial e também nos dá a possibilidade de ver como as palavras individuais só se tornam realmente Palavra de Deus na unidade de toda a Escritura no sujeito vivo do povo de Deus.

Assim, o primeiro elemento é o dom de Deus; o segundo é a co-participação na fé do povo peregrino, a comunicação na Santa Igreja que, de sua parte, recebe o Verbo de Deus, que é o Corpo de Cristo, animado pela Palavra viva, pelo Logos divino.

Dia após dia, devemos aprofundar essa nossa comunhão com a Santa Igreja e, desse modo, com a Palavra de Deus. Elas não são duas

coisas opostas, como se eu pudesse dizer: sou mais pela Igreja ou mais pela Palavra de Deus. Somente quando estamos unidos na Igreja:
Pertencemos à Igreja.
Tornamo-nos membros da Igreja.
Vivemos da Palavra de Deus, que é força de vida da Igreja.
E quem vive da Palavra de Deus, só pode vivê-la porque ela é viva e vital na Igreja vivente.

12. Eugenio Pacelli nasceu em Roma em 2 de março de 1876; foi eleito papa em 2 de março de 1939 com o nome de Pio XII. Esse grande papa está envolto em silêncio, mas devemos realmente muito a esse pontífice, que também amava muito a Alemanha. Todos esperamos verdadeiramente que ele seja rapidamente elevado à honra dos altares.

A quinta pergunta era sobre Pio XII. Obrigado por esta pergunta. Ele era o papa da minha juventude. Todos nós o venerávamos. Como foi justamente dito, ele amou muito o povo alemão, e também o defendeu na grande catástrofe depois da guerra. E devo acrescentar que antes de ser Núncio em Berlim, ele foi Núncio em Munique, porque no início ainda não havia Representação Pontifícia em Berlim. Também estava muito próximo de nós.

Parece-me que esta é a oportunidade para expressar gratidão a todos os grandes papas do século passado. O século começou com São Pio X, depois Bento XV, Pio XI, Pio XII, Beato João XXIII, Paulo VI, João Paulo I e João Paulo II.

Creio que este é um dom especial num século tão difícil, com duas guerras mundiais e duas ideologias destrutivas: fascismo-nazismo e comunismo. Precisamente nesse século, que se opôs à fé da Igreja, o Senhor deu-nos uma série de grandes papas, e assim uma herança espiritual que confirmou historicamente, eu diria, a verdade da Primazia do Sucessor de Pedro.

13. A diocese de Roma está procurando o melhor caminho e uma nova forma de responder às exigências das famílias de hoje. É preciso restituir a vitalidade à família, tornar as famílias o sujeito, não o objeto da atividade pastoral. Em nosso tempo, a família é ameaçada pelo relativismo e pela indiferença. Pais, casais engajados e crianças devem ser assistidos com catequese e orientação contínua; eles precisam de sacerdotes preparados que compreendam as necessidades das pessoas. Casais precisam ser estimulados a reviver a graça dos sacramentos.

A pergunta seguinte, sobre a família, foi feita pelo pároco de Santa Sílvia. Aqui só posso concordar totalmente. Nas visitas "ad limina"[11], sempre falo com os bispos sobre a família, ameaçada de diversos modos em todo o mundo.

A família é ameaçada na África porque é difícil encontrar a transição do "matrimônio tradicional" para o "matrimônio religioso", pois as pessoas têm medo do caráter definitivo deste sacramento.

Enquanto no Ocidente o medo de ter filhos é motivado pelo medo de perder algo da vida, na África acontece o contrário: enquanto não fica comprovado que a mulher terá filhos, homem e mulher não assumem o matrimônio definitivo. Por isso o número de casamentos religiosos continua relativamente pequeno, e mesmo muitos "bons" cristãos, com excelente desejo de ser cristãos, não dão esse último passo.

O matrimônio é ameaçado também na América Latina, por outros motivos, e é ameaçado fortemente, como sabemos, no Ocidente. Por isso, tanto mais devemos nós, como Igreja, ajudar as famílias, que são a célula fundamental de toda sociedade sadia.

---

11. Literalmente, em latim, *ad limina apostolorum*: "ao limiar dos apóstolos". A cada cinco anos, todos os bispos diocesanos do mundo devem ir a Roma para apresentar um relatório sobre a situação de suas dioceses e prestar contas aos órgãos da Santa Sé. Essa é a visita *"ad limina apostolorum"* porque os bispos também chegam ao limiar dos lugares onde São Pedro e São Paulo estão enterrados.

Somente nas famílias, portanto, é possível criar uma comunhão de gerações em que a memória do passado vive no presente e se abre para o futuro. Assim, a vida realmente continua e se desenvolve. O verdadeiro progresso é impossível sem essa continuidade de vida e, novamente, é impossível sem o elemento religioso. Sem confiança em Deus, sem confiança em Cristo que nos dá também a capacidade da fé e da vida, a família não pode sobreviver.

Vemos isso hoje. Somente a fé em Cristo e somente a coparticipação na fé da Igreja salva a família; por outro lado, a Igreja só pode viver com a salvação da família. Não tenho no momento uma receita para isso, mas me parece que devemos ter a questão sempre presente.

Por isso devemos fazer tudo o que favorece a família: círculos familiares, catequeses familiares, ensinar a oração em família. Isto me parece muito importante: onde se reza juntos, torna-se presente o Senhor, torna-se presente essa força que pode também dissolver a "esclerocardia", essa dureza do coração que, segundo o Senhor, é o verdadeiro motivo do divórcio.

Nada mais, somente a presença do Senhor nos ajuda a viver realmente tudo o que o Senhor quis desde o início e que foi renovado pelo Redentor. Ensinar a oração familiar e desse modo convidar para a oração com a Igreja, e depois encontrar todas as outras formas.

14. Tendo ouvido dizer que uma mãe e algumas irmãs religiosas dedicam-se a ajudar sacerdotes em crise, pergunto: Por que não dar condições para que também a mulher possa trabalhar no governo da Igreja? A mulher muitas vezes trabalha em nível carismático com a oração ou em nível prático, como Santa Catarina de Sena que conseguiu a volta do Papa para Roma. Por isso, seria justo valorizar o papel da mulher também em nível institucional e ver o ponto de vista dela, que é diferente daquele do homem, para ajudar não somente os sacerdotes em dificuldade, mas todos os presbíteros que devem tomar decisões importantes.

Respondo agora ao coadjutor da paróquia de São Jerônimo. Vejo que ele ainda é bastante jovem e nos fala do que fazem as mulheres na Igreja, também pelos sacerdotes.

Posso apenas ressaltar que na Primeira Oração Eucarística, no Cânone Romano, a oração especial pelos sacerdotes: "*Nobis quoque peccatoribus*"[12], sempre me impressiona profundamente. Nessa humildade realista dos sacerdotes, precisamente como pecadores, rezamos ao Senhor para que nos ajude a ser seus servos. Nessa oração pelo sacerdote, exatamente nessa, estão presentes sete mulheres em torno do sacerdote. Elas se mostram como as mulheres crentes que nos ajudam no nosso caminho. Certamente, cada um de nós já passou por essa experiência.

A Igreja tem, assim, uma grande dívida de gratidão para com as mulheres. E V. Revma. destacou corretamente que, em nível carismático, as mulheres fazem muito, eu ousaria dizer, pelo governo da Igreja, a começar pelas religiosas, pelas irmãs dos grandes Padres da Igreja, como Santo Ambrósio, até as grandes mulheres da Idade Média — Santa Hildegarda, Santa Catarina de Sena, depois Santa Teresa de Ávila — e por fim, Madre Teresa. Eu diria que esse setor carismático certamente se distingue do setor ministerial no sentido estrito do termo, mas é uma verdadeira e profunda participação no governo da Igreja.

Como poderíamos imaginar o governo da Igreja sem essa contribuição, que por vezes se torna muito visível, como quando Santa Hildegarda criticava os bispos ou quando Santa Brígida e Santa Catarina de Sena

---

12. Na Primeira Oração Eucarística, ou antigo Cânone Romano, o sacerdote pede a Deus misericordioso que conceda "também a nós pecadores" participar da recompensa que Ele deu aos apóstolos e mártires. Na forma mais antiga da missa, a chamada Missa "Tridentina", como era rezada antes do Concílio e atualmente desde que Bento XVI liberou sua prática através do Motu Proprio *Summorum Pontificum*, o sacerdote sempre rezava o Cânone Romano em silêncio. Ao chegar ao *nobis quoque peccatoribus*, porém, ele dizia essas três palavras em voz alta e batia no peito em sinal de contrição por seus pecados.

admoestavam e obtinham o regresso dos papas a Roma? Essa contribuição é sempre um fator determinante sem o qual a Igreja não pode viver.

Contudo, V. Revma. diz justamente: queremos também ver as mulheres mais visivelmente no setor ministerial do governo da Igreja. Digamos que a questão seja a seguinte: o ministério sacerdotal do Senhor, como sabemos, está reservado aos homens, porque o ministério sacerdotal é governo no sentido profundo que, em última análise, é o Sacramento [da Ordem] que governa a Igreja.

Este é o ponto decisivo. Não é o homem que faz algo, mas o sacerdote governa, fiel à sua missão, no sentido de que é o Sacramento, isto é, mediante o Sacramento é o próprio Cristo que governa, quer através da Eucaristia quer nos outros Sacramentos e, dessa forma, é sempre Cristo que preside.

Contudo, é justo perguntar-se se também no serviço ministerial — não obstante Sacramento e carisma serem aqui os dois aspectos únicos em que a Igreja se realiza — não se poderia oferecer às mulheres mais espaço, mais posições de responsabilidade.

15. Sou responsável pela recuperação de vítimas de seitas religiosas. Agradeço a V.S. as frequentes denúncias sobre os danos que elas causam. Muitas pessoas simples são incapazes de descobrir seus truques sem ajuda, como viajantes desventurados na célebre estrada de Jerusalém a Jericó. Santo Padre, não é urgentemente necessário preparar hoje Bons Samaritanos? Não se poderia fazer essa preparação em seminários e em cursos específicos oferecidos em nível universitário e na formação permanente do clero responsável pelo zelo das almas?

Não compreendi bem as palavras da oitava intervenção. Basicamente compreendi que hoje a "humanidade", no caminho de Jerusalém para Jericó, cai nas mãos de ladrões. O Bom Samaritano a ajuda com a misericórdia do Senhor.

Podemos frisar apenas que, no final, é o homem que caiu e cai sempre de novo nas mãos dos ladrões, e é Cristo que o cura. Nós devemos e podemos ajudá-lo, quer no serviço do amor quer no serviço da fé, que é também um ministério de amor.

16. A festa dos santos padroeiros da minha paróquia, os Santos Mártires de Uganda, é celebrada no dia 3 de junho. Louvo a Deus por essa experiência pastoral. Peço que mais pessoas se juntem em oração na África e pela África.

Então, os Mártires de Uganda. Obrigado por sua contribuição. Ela nos faz pensar no continente africano, que é a grande esperança da Igreja.

Recebi nos últimos meses grande parte dos bispos africanos em suas visitas *ad limina*. E foi para mim muito edificante, e também confortador, ver bispos de alto nível teológico e cultural. Bispos zelosos, realmente animados pela alegria da fé. Sabemos que essa Igreja está em boas mãos, mas que continua sofrendo porque as nações ainda não estão formadas.

Na Europa, foi precisamente por meio do cristianismo que, além dos grupos étnicos que existiam, formaram-se os grandes corpos de nações, as grandes línguas, e assim a comunhão de culturas e espaços de paz — mesmo se depois esses grandes espaços de paz, em oposição uns aos outros, tenham criado uma nova espécie de guerra que antes não existia.

Em muitas partes da África, porém, ainda temos essa situação em que existem acima de tudo grupos étnicos dominantes. O poder colonialista impôs fronteiras nas quais agora devem desenvolver-se nações. Mas persiste ainda a dificuldade de reunir-se num grande conjunto e de encontrar, além das etnias, a unidade do governo democrático e também a possibilidade de opor-se aos abusos coloniais que perduram. A África continua sendo objeto de abuso por parte das grandes potências, e muitos conflitos não teriam assumido essa forma se os interesses dessas grandes potências não estivessem por trás deles.

Assim, em toda essa confusão, vi também como a Igreja, com a sua unidade católica, é o grande fator que une na dispersão. Em muitas situações, especialmente agora, depois da grande guerra na República Democrática do Congo, a Igreja permaneceu a única realidade que funciona e que dá continuidade à vida, dá a assistência necessária, garante a convivência e ajuda a encontrar a possibilidade de realizar um grande conjunto.

Neste sentido, nessas situações, a Igreja realiza um serviço que substitui o nível político, dando a possibilidade de viver juntos e de reconstruir a comunhão depois da destruição, e também de reconstruir, depois da explosão do ódio, o espírito de reconciliação. Muitos me disseram que é precisamente nessas situações que o Sacramento da Penitência é de grande importância como força de reconciliação e deve ser também administrado neste sentido.

Numa palavra, eu gostaria de dizer que a África é um continente de grande esperança, de grande fé, de realidades eclesiais comovedoras, de sacerdotes e bispos zelosos. Mas é sempre também um continente que, depois das destruições que ali levamos da Europa, tem necessidade da nossa ajuda fraterna. E essa ajuda só pode nascer da fé, que também cria a caridade universal além das divisões humanas.

Esta é a nossa grande responsabilidade neste tempo. A Europa exportou as suas ideologias, os seus interesses, mas exportou também, com a missão, o fator da cura. Hoje, somos especialmente responsáveis por termos uma fé zelosa que se comunica, que quer ajudar os outros, que tem consciência de que dar fé não significa introduzir uma força de alienação, mas significa dar o verdadeiro dom do qual o homem tem necessidade precisamente para ser também criatura do amor.

17. Vejo com preocupação a situação em Roma, especialmente os problemas relacionados com os jovens e adolescentes "na periferia da humanidade", muitos dos quais não vão à igreja. Creio que nós sacerdotes, leigos e religiosos devemos estar mais próximos dos nossos fiéis, especialmente da juventude, e colocar os nossos carismas a serviço da catequese.

Um último aspecto foi abordado pelo coadjutor carmelita de Santa Teresa de Ávila, que nos revelou justamente as suas preocupações.

Seria certamente errôneo um otimismo simples e superficial que não percebesse as grandes ameaças à juventude, às crianças e às famílias de hoje. Com grande realismo, devemos estar atentos a essas ameaças, que surgem onde Deus está ausente. Devemos tomar cada vez mais consciência da nossa responsabilidade, para que Deus esteja presente, e assim também a esperança e a capacidade de prosseguir confiantes rumo ao futuro.

---

18. *Os adolescentes são vítimas do hodierno "deserto de amor" porque sofrem terrivelmente da falta de amor. Eles sofrem por medo de ficar sozinhos e de ser incompreendidos. Alguns sacerdotes também se sentem "interiormente deslocados". Como podemos ser especialistas em "ágape", na plenitude de amor, para sermos capazes de nos doar totalmente para ajudá-los?*

É palpável, hoje, tudo o que V. Revma. disse sobre o problema dos adolescentes, da solidão e da incompreensão que sentem por parte dos adultos. É interessante que esses jovens, que procuram proximidade nas discotecas, na realidade sofrem de uma grande solidão e, naturalmente, também de grande incompreensão.

Num certo sentido, isso me parece expressão do fato de que os pais, como foi dito, estão em grande parte ausentes da formação da família. E também as mães são obrigadas a trabalhar fora de casa. A comunhão entre eles é muito frágil.

Cada membro da família vive num mundo todo seu: são ilhas do pensamento, do sentimento, que não se unem. O grande problema próprio deste tempo — em que cada um, querendo ter a vida para si, perde-a porque se isola e afasta o outro de si — é o de reencontrar a comunhão profunda que no final só pode provir de um fundo comum a todas as almas, da presença divina que nos une a todos.

Parece-me que a condição para isso é superar a solidão e a incompreensão, porque esta também é resultado do fato de que hoje o pensamento é fragmentado. Cada um procura o seu modo de pensar, de viver, e não existe comunicação numa visão profunda da vida. A juventude sente-se exposta a novos horizontes dos quais as gerações anteriores não participam, porque falta continuidade da visão do mundo, preso numa sucessão cada vez mais rápida de novas invenções.

Aconteceram em dez anos mudanças que no passado não ocorriam nem em cem anos. Assim os mundos realmente se separam. Penso na minha juventude e na ingenuidade, se assim posso dizer, em que vivíamos, numa sociedade totalmente agrária em comparação com a sociedade de hoje. Vemos como o mundo está mudando cada vez mais rapidamente, de modo que se fragmenta também com essas mudanças. Por isso, num momento de renovação e de mudança, o elemento da estabilidade torna-se ainda mais importante.

Recordo-me quando a Constituição conciliar *Gaudium et spes*[13] foi debatida. Por um lado, havia o reconhecimento do novo, da novidade, o "sim" da Igreja à nova época com as suas inovações, o "não" ao romantismo do passado, um "não" justo e necessário.

No entanto, os Padres — prova disto está também no texto — também disseram que apesar disso, apesar da necessária disposição de avançar e mesmo de abandonar outras coisas que nos eram caras, há algo que não muda, porque é o próprio humano, a condição de criatura.

---

13. Constituição Pastoral sobre a Igreja no Mundo Moderno (Documento do Vaticano II).

O homem não é totalmente histórico. A absolutização do historicismo, no sentido de que o homem seria só e sempre uma criatura, fruto de um certo período, não é verdadeira. Sua natureza como criatura existe, e é precisamente ela que nos dá a possibilidade de viver através da mudança e de preservar a nossa identidade.

Esta não é uma resposta imediata ao que devemos fazer, mas parece-me que o primeiro passo é ter o diagnóstico. Por que existe essa solidão numa sociedade que, por outro lado, parece ser uma sociedade de massa? Por que existe essa incompreensão numa sociedade em que todos procuram compreender-se, onde a comunicação é tudo e onde a transparência de tudo para todos é a lei suprema?

A resposta está no fato de que vemos a mudança no nosso próprio mundo e não vivemos suficientemente aquele elemento que nos une a todos, o elemento da nossa natureza como criaturas que se torna acessível e se faz realidade numa determinada história: a história de Cristo, que não é contra a nossa natureza como criaturas, mas restitui tudo o que o Criador desejava, como diz o Senhor acerca do matrimônio.

O cristianismo enfatiza precisamente a história e a religião como evento histórico, um evento na história que começa com Abraão. Então, como uma fé histórica, depois de abrir a porta à modernidade com o seu sentido do progresso e em constante avanço, o cristianismo é ao mesmo tempo uma fé baseada no Criador que se revela e se torna presente numa história a que dá continuidade e, por conseguinte, comunicabilidade entre as almas.

Aqui também, portanto, penso que uma fé vivida em profundidade e com toda a abertura ao hoje, mas também com toda a abertura a Deus, une as duas coisas: o respeito pela alteridade e pela novidade, e a continuidade do nosso ser, comunicabilidade entre as pessoas e entre os tempos.

O outro aspecto era: Como podemos viver a vida como dom? Essa é uma pergunta que fazemos especialmente agora, na Quaresma. Queremos renovar a opção pela vida, que é, como eu disse, uma opção não para possuir a nós mesmos, mas para doar-nos.

Parece-me que só podemos assim proceder graças a um diálogo permanente com o Senhor e ao diálogo entre nós. Também com a "*correctio fraterna*"[14] é necessário desenvolver cada vez mais o dom de si mesmo diante de uma sempre insuficiente capacidade de viver.

Mas creio que também devemos unir as duas coisas. Por um lado, devemos aceitar a nossa insuficiência com humildade, aceitar este "Eu" que nunca é perfeito, mas tende sempre para o Senhor para alcançar a comunhão com o Senhor e com todos. Essa humildade em aceitar as próprias limitações também é muito importante.

Só assim, por outro lado, podemos também crescer, amadurecer e pedir ao Senhor que nos ajude a não nos cansarmos no caminho, também aceitando com humildade que nunca seremos perfeitos, aceitando até a imperfeição, sobretudo do próximo. Ao aceitar as nossas próprias imperfeições, podemos mais facilmente aceitar as dos outros, deixando-nos formar e reformar sempre de novo pelo Senhor.

19. Santo Padre, trago à V.S. as saudações dos meus confrades que trabalham em hospitais, dos doentes e dos agentes de saúde. Peço à V.S. uma palavra de incentivo para ajudar a todos a ser sal, luz e fermento no setor da saúde.

Agora os hospitais. Obrigado pela saudação que vem dos hospitais. Eu não conhecia a mentalidade segundo a qual um sacerdote desempenha o seu ministério num hospital porque fez algum mal [...]. Sempre pensei que o serviço primeiro do sacerdote é servir aos doentes, aos que

---

14. "Correção fraterna" é uma orientação dada a um pecador por caridade e para ajudá-lo a mudar de vida. Temos obrigação pela lei natural de ajudar as pessoas a mudar. O próprio Cristo também falou a esse respeito em Mateus 18:15. Devemos usar de muita prudência, porém: devemos ter certeza de que a pessoa está realmente pecando de um modo específico; deve haver uma esperança razoável de que a correção fará algum bem; não devemos prejudicar a nós mesmos ao fazer a tentativa de corrigir.

sofrem, porque o Senhor veio principalmente para estar com os doentes. Veio para participar dos nossos sofrimentos e para nos curar.

Por ocasião das visitas *ad limina* dos Bispos africanos, sempre digo que os dois pilares do nosso trabalho são a educação — isto é, a formação do homem, que implica muitas dimensões, como instrução, aprendizado, profissionalização, a educação da intimidade da pessoa — e a cura. O serviço fundamental, essencial da Igreja é, portanto, a cura. Tudo isto realiza-se precisamente nos países africanos: a Igreja oferece a cura. Apresenta as pessoas que ajudam os doentes, que ajudam a curar o corpo e a alma.

Portanto, parece-me que devemos ver exatamente no Senhor o nosso modelo de sacerdote para curar, ajudar, assistir e acompanhar as pessoas em seu processo de recuperação. Isto é fundamental para o compromisso da Igreja; é a forma fundamental do amor e, consequentemente, é a expressão fundamental da fé. Por isso, é o ponto central também no sacerdócio.

20. Em setembro, tive a alegria de participar de um encontro ecumênico promovido pelo Patriarcado Ortodoxo de Atenas. Foi um diálogo profundamente enriquecedor. Creio que como sacerdotes devemos evitar atitudes conflituosas e estabelecer um diálogo franco e sereno com todos.

Em seguida, respondo ao coadjutor da paróquia dos Santos Padroeiros da Itália, que nos falou do diálogo com os ortodoxos e do diálogo ecumênico em geral.

Na situação mundial de hoje, vemos que o diálogo em todos os níveis é fundamental. E mais importante ainda é que os cristãos não se fechem em si mesmos, mas se abram uns aos outros.

Precisamente nas relações com os ortodoxos vejo como os relacionamentos pessoais são fundamentais. Na doutrina, estamos em grande parte unidos em todas as questões fundamentais, mas é nela que parece muito difícil fazer progressos. Aproximar-nos uns dos outros em comunhão, em nossa experiência comum da vida de fé, é o modo de nos reconhecermos reciprocamente como filhos de Deus e discípulos de Cristo.

É esta a minha experiência há pelo menos quarenta, quase cinquenta anos: esta experiência do discipulado comum, que enfim vivemos na mesma fé, na mesma sucessão apostólica, com os mesmos sacramentos e, portanto, também com a grande tradição da oração; é bela essa diversidade e multiplicidade de culturas religiosas, da cultura da fé.

Ter essa experiência é fundamental, e parece-me, talvez, que a convicção de alguns, de uma parte dos monges do monte Athos contra o ecumenismo, decorre também da falta de uma experiência visível, tangível, de que também o outro pertence ao mesmo Cristo, à mesma comunhão com Cristo na Eucaristia.

Portanto, isto é muito importante: devemos suportar a separação que existe. São Paulo diz que as divisões são necessárias durante certo tempo, e que o Senhor sabe por quê: para provar-nos, para exercitar-nos, para fazer-nos amadurecer, para tornar-nos mais humildes. Mas ao mesmo tempo somos obrigados a caminhar para a unidade, e esse caminhar para a unidade já é uma forma de unidade.

21. Vossa encíclica Deus caritas est[15] *iluminou-me profundamente, de modo especial a segunda parte, sobre a "caridade pastoral", pois nos convida a praticar a caridade diretamente, e não esperar que o pobre venha a nós; devemos ir à procura do pobre e fazer algo de concreto por ele. Entretanto, os sacerdotes encontram muita dificuldade para transmitir a fé, particularmente às novas gerações. Por que todo pároco espera sempre um padre coadjutor jovem quando há uma substituição? Nem sempre as expectativas são correspondidas. Por quê? E, no entanto, frequentamos o mesmo seminário, às vezes com poucos anos de diferença. Serão talvez desproporcionais as nossas expectati-*

---

15. "Deus é amor."

vas com relação aos sacerdotes jovens? Ou talvez haja alguma coisa inadequada na nossa formação?

Respondo agora ao padre espiritual do seminário. O primeiro problema era a dificuldade da caridade pastoral. Por um lado, nós a vivemos; por outro, porém, eu gostaria de dizer também: coragem. A Igreja faz muita coisa, graças a Deus, na África, mas também em Roma e na Europa! Ela faz muita coisa, e muitos lhe são agradecidos, tanto no setor da pastoral da saúde, como na pastoral dos pobres e dos abandonados. Continuemos com coragem e procuremos encontrar juntos os melhores caminhos.

O outro ponto centrava-se no fato de que a formação sacerdotal, mesmo entre gerações próximas, parece para muitos ser um pouco diferente, e isso complica o compromisso comum para a transmissão da fé. Observei isso quando eu era arcebispo de Munique.

Quando entramos no seminário, todos tínhamos uma espiritualidade católica comum, mais ou menos madura. Digamos que tínhamos um fundamento espiritual em comum. Hoje os seminaristas provêm de experiências espirituais muito diferentes. Observei no meu seminário que eles viviam em diversas "ilhas" de espiritualidade que dificilmente se comunicavam.

Agradeçamos ao Senhor por ter dado tantos novos estímulos à Igreja e também tantas novas formas de vida espiritual, de descoberta da riqueza da fé. É preciso acima de tudo não negligenciar a espiritualidade católica comum que se exprime na liturgia e na grande tradição da fé. Isso me parece muito importante. Esse ponto é importante também em relação ao Concílio.

Como eu disse antes do Natal à Cúria Romana, não precisamos viver a hermenêutica da descontinuidade, mas sim a hermenêutica da renovação, que é espiritualidade da continuidade, do prosseguir em continuidade. Isso é muito importante também em relação à liturgia. Cito um exemplo concreto que me ocorreu precisamente hoje, durante a breve meditação deste dia.

A "*statio*"[16] de hoje, quinta-feira depois da Quarta-Feira de Cinzas, é São Jorge. Correspondentes a este santo soldado, havia antigamente duas leituras sobre dois santos soldados.

A primeira falava do rei Ezequias que, doente, é condenado à morte e pede ao Senhor, chorando: "Dai-me um pouco mais de vida!" O Senhor foi bom com ele e lhe concedeu outros 17 anos de vida. Portanto, uma bela cura e um soldado que pôde retomar as suas atividades.

A segunda é o Evangelho que nos fala sobre o oficial de Cafarnaum e do seu servo doente. Temos assim dois motivos: o da cura e o da "milícia"[17] de Cristo, da grande luta.

Agora, na liturgia atual, temos duas leituras totalmente diferentes: a do Deuteronômio, "Escolhe a vida", e a do Evangelho, "Seguir a Cristo e tomar a própria cruz", que significa não procurar a própria vida, mas dar a vida, e é uma interpretação do que quer dizer "escolhe a vida".

Devo dizer que sempre amei muito a liturgia. Eu era apaixonado pelo caminho quaresmal da Igreja, com essas "igrejas estacionais" e as leituras relacionadas com essas igrejas: uma geografia de fé que se torna uma geografia espiritual da peregrinação com o Senhor. E fiquei um pouco desiludido com o fato de nos terem tirado essa relação entre a "estação" e as leituras.

Hoje vejo que precisamente essas leituras são muito belas e exprimem o programa da Quaresma: escolher a vida, isto é, renovar o "Sim" do Batismo, que é exatamente escolha da vida. Neste sentido,

---

16. Refere-se às igrejas de estação em Roma.
17. Literalmente "serviço militar" ou "espírito, coragem, militar". Existe em inglês a expressão "to soldier on", que significa persistir, perseverar apesar das dificuldades. Todos temos uma parte a cumprir, segundo a nossa vocação, em nossa esfera imediata de influência e no todo da Igreja, que nesta vida pode ser descrita como "Igreja Militante". Como seus fiéis discípulos, somos obedientes ao Senhor, que é o nosso Rei e grande Capitão. O centurião que pede ao Senhor que cure seu servo demonstra estar ciente das nossas diferentes funções e partes a desempenhar na vida, como também grande fé que se nós cumprimos a nossa parte da melhor maneira possível, Deus proverá.

há uma continuidade íntima, e parece-me que devemos aprender deste que é apenas um exemplo muito pequeno entre descontinuidade e continuidade.

Devemos aceitar a novidade, mas também amar a continuidade e ver o Concílio desta perspectiva de continuidade. Isto também nos ajudará a atuar como intermediários entre as gerações no seu modo de comunicar a fé.

22. *Constatamos que há no mundo atual uma grande falta de esperança e que o secularismo alastra-se rapidamente. Eu gostaria de dizer que acreditar na Igreja e com a Igreja significa responder a esse "déficit de esperança", encontrando a única coisa necessária [amor] que V.S. indicou na* Deus caritas est. *Para os sacerdotes, somente na contemplação é possível compreender e amar os outros, um modo simples para ser mais cristãos.*

Por fim, o sacerdote do Vicariato de Roma concluiu com uma palavra da qual me aproprio perfeitamente, de modo que com ela podemos também encerrar: tornar-nos mais simples. Este me parece ser um belíssimo programa. Procuremos pô-lo em prática e assim seremos mais abertos ao Senhor e ao povo.

III. Perguntas Feitas por Jovens de Roma

As perguntas a seguir foram feitas por jovens reunidos na Praça de São Pedro para um encontro com o Santo Padre em 6 de abril de 2006, em preparação à XXI Jornada Mundial da Juventude.

23. V. Santidade, sou Simone, da paróquia de São Bartolomeu. Tenho 21 anos e estudo engenharia química na Universidade "La Sapienza" de Roma.

Em primeiro lugar, obrigada por dirigir-nos a Mensagem para a XXI Jornada Mundial da Juventude sobre o tema da Palavra de Deus que ilumina os passos da vida do homem. Diante das ansiedades e incertezas sobre o futuro, e também quando simplesmente me vejo enfrentando a rotina diária, também eu sinto necessidade de alimentar-me da Palavra de Deus e de conhecer melhor a Cristo a fim de encontrar respostas para as minhas perguntas.

Pergunto-me com frequência o que Jesus faria se estivesse no meu lugar numa determinada situação, mas nem sempre consigo compreender o que a Bíblia me diz. Além disso, sei que os livros da Bíblia foram escritos por pessoas diferentes em épocas diversas, e todas muito distantes de mim. Como posso reconhecer que as leituras que faço são, no entanto, a Palavra de Deus que questiona a minha vida?

Respondo sublinhando inicialmente um primeiro ponto: antes de mais nada, deve-se dizer que é preciso ler a Sagrada Escritura não como um livro histórico qualquer, como lemos, por exemplo, Homero, Ovídio ou Horácio; é necessário realmente lê-la como Palavra de Deus — isto é, estabelecendo um diálogo com Deus.

Devemos inicialmente rezar, falar com o Senhor: "Abre-me a porta." É o que diz seguidamente Santo Agostinho nas suas homilias: "Bati na porta da Palavra para encontrar finalmente o que o Senhor quer me dizer." Isto me parece um ponto muito importante. Não se deve ler a escritura num clima acadêmico, mas rezando e dizendo ao Senhor: "Ajuda-me a compreender a tua Palavra, o que queres me dizer nesta passagem."

Um segundo ponto é: a Sagrada Escritura nos introduz na comunhão com a família de Deus. Por isso, não podemos ler a Sagrada Escritura sozinhos. Sem dúvida, é sempre importante ler a Bíblia de um modo muito pessoal, num colóquio pessoal com Deus, mas ao mesmo tempo é importante lê-la na companhia de pessoas que nos acompanham na caminhada, deixando-nos ajudar pelos grandes mestres da *"lectio divina"*.[18]

Por exemplo, temos muitos belos livros escritos pelo cardeal Martini, um verdadeiro mestre da *"lectio divina"* que nos ajuda a entrar no âmago vital da Sagrada Escritura. Ele que conhece bem todas as circunstâncias históricas, todos os elementos característicos do passado, procura sempre, porém, abrir também a porta para mostrar que palavras que parecem pertencer ao passado são também palavras do presente. Mestres assim nos ajudam a compreender melhor e também a aprender o modo de ler bem a Sagrada Escritura. Em geral, então, é oportuno lê-la também na companhia de amigos que me acompanham na jornada e que procuram, comigo, descobrir como viver com Cristo e qual a vida que procede da Palavra de Deus.

Um terceiro ponto: se é importante ler a Sagrada Escritura com a ajuda dos mestres e na companhia dos amigos, os companheiros de jornada, é especialmente importante lê-la na grande companhia do Povo de Deus peregrino, isto é, na Igreja.

A Sagrada Escritura tem dois sujeitos. O primeiro e mais importante, o sujeito divino: é Deus que fala. Deus, porém, quis envolver o homem na sua Palavra. Enquanto os muçulmanos estão convencidos de que o Alcorão foi inspirado verbalmente por Deus, nós acreditamos

---

18. "Leitura divina" ou "espiritual". Este é um método que consiste em ler as Escrituras como forma de oração e que tem suas raízes nos primeiros Padres da Igreja. Esse modo de ler com atitude atenta e devota, que envolve um "ouvir" reflexivo, tem o objetivo de unir o leitor mais intimamente com Deus e de estimular revelações especiais relacionadas com o conteúdo da Palavra de Deus. O método geralmente implica a leitura contínua de um texto, dividido em seções, num determinado período de tempo, como uma hora, num período e lugar regulares do dia. A pessoa lê uma passagem lentamente várias vezes, medita sobre o que ela significa para a própria vida, reza a Deus de acordo com o impulso do coração, e em seguida ouve em contemplação o que Deus possa estar dizendo.

que para a Sagrada Escritura é característica — como dizem os teólogos — a "sinergia", a colaboração de Deus com o homem. Deus envolve seu Povo com sua Palavra, e assim o segundo sujeito — o primeiro sujeito, como foi dito, é Deus — é humano. Existem escritores individuais, mas existe a continuidade de um sujeito permanente — o Povo de Deus que caminha com a Palavra de Deus e está em diálogo com Deus. Escutando Deus, aprendemos a escutar a Palavra de Deus e então também a interpretá-la. E assim a Palavra de Deus se torna presente, porque pessoas individuais morrem, mas o sujeito vital, o Povo de Deus, está sempre vivo e é idêntico no curso dos milênios: é sempre o mesmo sujeito vivente em que a Palavra vive.

Assim se explicam também muitas estruturas da Sagrada Escritura, especialmente a assim chamada "releitura". Um texto antigo é relido em outro livro, digamos cem anos depois, e então o que não fora percebido naquele momento precedente, embora já estivesse contido no texto anterior, é compreendido em profundidade.

E é relido novamente muito tempo depois, e novamente outros aspectos, outras dimensões da Palavra são compreendidos. E assim foi que a Sagrada Escritura se desenvolveu, nessa permanente releitura e reescritura no contexto de uma continuidade profunda, enquanto se sucediam os tempos da espera.

Por fim, com a vinda de Cristo e com a experiência dos Apóstolos, a Palavra se tornou definitiva, de modo que não é mais possível haver reescrituras, mas continuam sendo necessários novos aprofundamentos da nossa compreensão. O Senhor disse: "O Espírito Santo vos introduzirá numa profundidade que agora não podeis ter." Por conseguinte, a comunhão da Igreja é o sujeito vivo da Escritura. Mas também agora o principal sujeito é o próprio Senhor, que continua a falar na Escritura que temos nas mãos.

Penso que devemos aprender estes três elementos: ler em diálogo pessoal com o Senhor; ler acompanhados por mestres que têm a experiência da fé, que entraram na Sagrada Escritura; ler na grande companhia da Igreja, em cuja liturgia esses acontecimentos se tornam sempre de novo presentes, na qual o Senhor fala agora conosco, para que aos poucos entremos sempre mais na Sagrada Escritura, na qual Deus fala realmente conosco hoje.

24. Santo Padre, eu sou Anna, tenho 19 anos, estudo Letras e pertenço à Paróquia de Santa Maria do Carmelo.
Um dos problemas que invariavelmente enfrentamos é o afetivo. Normalmente temos dificuldade de amar. Sim, dificuldade: porque é fácil confundir amor com egoísmo, especialmente hoje, quando grande parte da mídia quase nos impõe uma visão individualista e secularizada da sexualidade, em que tudo parece lícito e tudo é permitido em nome da liberdade e da consciência individual.
A família fundada no matrimônio parece pouco mais do que uma invenção da Igreja, para não falar das relações pré-matrimoniais, cuja proibição afigura-se, mesmo para muitos de nós que acreditamos, incompreensível ou fora do tempo [...]. Bem sabendo que muitos de nós nos empenhamos para viver a nossa vida afetiva com responsabilidade, V.S. poderia esclarecer-nos sobre o conteúdo da Palavra de Deus a esse respeito?

Essa é uma questão ampla, e certamente não é possível respondê-la em poucos minutos, mas vou tentar dizer alguma coisa.

A própria Anna já nos deu algumas respostas quando disse que hoje o amor é muitas vezes mal-interpretado, porque é apresentado como uma experiência egoísta, enquanto que na realidade ele é um abandono de si e assim se torna um encontrar-se.

Ela disse também que uma cultura consumista falsifica a nossa vida com um relativismo que parece conceder-nos tudo, mas que na realidade nos esvazia.

Mas ouçamos o que diz a Palavra de Deus em relação a isso. Anna queria justamente saber o que diz a Palavra de Deus. Fico muito satisfeito em constatar que já nas primeiras páginas da Sagrada Escritura, logo após a narração da criação do homem, encontramos a definição do amor e do matrimônio.

O autor sagrado diz: "O homem deixará seu pai e sua mãe, unir-se-á à sua mulher e os dois serão uma só carne, uma única existência" (Gn 2:24-5). Estamos no início e já recebemos uma profecia do que é o matrimônio; e essa definição também permanece idêntica no Novo Testamento. Matrimônio é este seguir o outro no amor, tornando-se assim uma só existência, uma só carne, e por isso, inseparáveis — uma nova existência que nasce dessa comunhão de amor que une e desse modo também cria um futuro.

Os teólogos medievais, interpretando essa afirmação que se encontra no início da Sagrada Escritura, disseram que dos sete Sacramentos, o matrimônio foi o primeiro que Deus instituiu, pois o fez já no momento da criação, no Paraíso, no início da história, e antes de qualquer história humana.

É um sacramento do Criador do universo, inscrito precisamente no próprio ser humano, que está orientado para esse caminho, no qual o homem deixa os pais e se une à sua mulher para formar uma só carne, para assim se tornarem uma única existência.

Desse modo, o sacramento do matrimônio não é uma invenção da Igreja, é realmente "cocriado" com o homem como tal, como fruto do dinamismo do amor, em que o homem e a mulher se encontram reciprocamente e assim encontram também o Criador que os chamou ao amor.

É verdade que o homem caiu e foi expulso do paraíso ou, em outras palavras, mais modernas, é verdade que todas as culturas estão poluídas pelo pecado, pelos erros do homem na sua história, e assim o desígnio inicial inscrito na nossa natureza está obscurecido. De fato, encontramos nas culturas humanas esse obscurecimento do plano original de Deus.

Ao mesmo tempo, porém, observando as culturas, toda a história cultural da humanidade, verificamos também que o homem nunca pôde esquecer totalmente esse desígnio que existe na profundidade do seu ser. Ele sempre soube, num certo sentido, que as outras formas de relação entre o homem e a mulher não correspondiam realmente ao desígnio original do seu ser.

E assim nas culturas, principalmente nas grandes culturas, vemos sempre de novo como elas se orientam para esta realidade, a monogamia, ser o homem e a mulher uma só carne. É assim, na fidelidade, que uma nova geração pode crescer, que uma tradição cultural pode continuar, renovando-se e realizando, na continuidade, um progresso autêntico.

O Senhor, que falou disto na linguagem dos profetas de Israel, referindo-se à aceitação do divórcio por parte de Moisés, disse: Moisés vo-lo concedeu "devido à dureza do vosso coração". Depois do pecado, o coração se tornou "duro", mas não era esse o desígnio do Criador, e os Profetas, com clareza sempre maior, insistiram sobre esse desígnio original.

Para renovar o homem, o Senhor — aludindo a essas vozes proféticas que sempre guiaram Israel para a clareza da monogamia — reconheceu com Ezequiel que, para viver essa vocação, temos necessidade de um coração novo; em vez de um coração de pedra — como diz Ezequiel — precisamos de um coração de carne, de um coração verdadeiramente humano.

E o Senhor "implanta" em nós esse coração novo no Batismo, mediante a fé. Não se trata de um transplante físico, mas talvez possamos fazer essa comparação: depois de um transplante, o organismo precisa de cuidados, precisa receber os remédios necessários para poder viver com o coração novo, de modo a tornar-se o "seu coração" e não o "coração de outro".

Mais ainda isso se aplica a esse "transplante espiritual" em que o Senhor implanta em nós um coração novo, um coração aberto ao

Criador, ao chamado de Deus. Para poder viver com esse coração novo, são necessários cuidados adequados, é preciso recorrer a remédios apropriados para que ele se torne verdadeiramente "nosso coração".

Vivendo assim na comunhão com Cristo, com sua Igreja, o novo coração torna-se realmente "nosso coração" e possibilita o matrimônio. O amor exclusivo entre um homem e uma mulher, a vida a dois planejada pelo Criador torna-se possível, mesmo que as condições do nosso mundo a dificultem, a ponto de fazê-la parecer impossível.

O Senhor nos dá um coração novo e nós devemos viver com esse coração novo, usando as terapias apropriadas para que seja realmente "nosso". É assim que vivemos tudo o que o Criador nos deu e isso cria uma vida verdadeiramente feliz.

De fato, também podemos ver isso neste mundo, apesar de muitos outros modelos de vida: existem muitas famílias cristãs que vivem com fidelidade e alegria a vida e o amor indicados pelo Criador, e assim desenvolve-se uma nova humanidade.

Por fim, eu acrescentaria: todos sabemos que para alcançar um objetivo num esporte ou na profissão são necessárias disciplina e renúncias, mas depois tudo isso é coroado pelo sucesso.

Assim também a própria vida, isto é, o tornar-se homens e mulheres segundo o desígnio de Jesus, exige renúncias, mas estas não são algo negativo; ao contrário, ajudam a viver como homens com um coração novo, a viver uma vida verdadeiramente humana e feliz.

Dado que existe uma cultura consumista que pretende impedir que vivamos segundo o desígnio do Criador, devemos ter a coragem de criar ilhas, oásis, e depois grandes espaços de cultura católica onde possamos viver o desígnio do Criador.

25. Beatíssimo Padre, chamo-me Inelida, tenho 17 anos, sou ajudante do Chefe dos escoteiros lobinhos na paróquia de São Gregório Barberigo e estudo no Liceu Artístico "Mario Mafai".

Na vossa Mensagem para a XXI Jornada Mundial da Juventude, V.S. disse-nos que "é urgente que surja uma nova geração de apóstolos radicados na palavra de Cristo". (L'Osservatore Romano, edição inglesa, 1º de março de 2006, p. 3). São palavras tão fortes e comprometedoras que quase assustam.

Certamente também nós gostaríamos de ser novos apóstolos, mas poderia explicar-nos mais detalhadamente quais são, segundo V.S., os maiores desafios a enfrentar no nosso tempo, e como imagina que sejam esses novos apóstolos? Em outras palavras, o que se espera de nós, V. Santidade?

Todos nos perguntamos o que o Senhor espera de nós. Parece-me que o grande desafio do nosso tempo — assim me dizem também os bispos em suas visitas *ad limina*, os da África, por exemplo — é o secularismo: isto é, um modo de viver e de apresentar o mundo como *"si Deus non daretur"*, ou seja, como se Deus não existisse.

Pretende-se reduzir Deus à esfera privada, a um sentimento, como se Ele não fosse uma realidade objetiva, e assim cada um cria o seu projeto de vida. Mas essa visão, apresentada como se fosse científica, só aceita como válido o que é verificável por meio da experimentação.

Com um Deus que não se presta à experimentação imediata, essa visão acaba prejudicando também a sociedade: faz com que, de fato, cada um crie o seu projeto, e no fim uns estão contra outros. Uma situação, como se vê, decididamente impossível de se viver.

Devemos tornar Deus novamente presente nas nossas sociedades. Parece-me que esta seja a primeira necessidade: que Deus esteja de novo presente na nossa vida, que não vivamos como se fôssemos autônomos, autorizados a inventar o que seja a liberdade e a vida. Devemos compreender que somos criaturas, ter consciência de que existe um Deus que nos criou e que estar na sua vontade não é dependência, mas um dom de amor que nos faz viver.

Portanto, o primeiro ponto é conhecer a Deus, conhecê-lo sempre mais, reconhecer na minha vida que Deus existe e que faz parte dela.

O segundo ponto — se reconhecemos que Deus existe, que a nossa liberdade é uma liberdade partilhada com os outros e que deve consequentemente existir um padrão comum para construir uma realidade comum — o segundo ponto, dizia, apresenta a questão: Qual Deus? Na verdade, existem muitas imagens falsas de Deus, um Deus violento, etc.

O segundo ponto, portanto, é reconhecer o Deus que nos mostrou a sua face em Jesus, que sofreu por nós, que nos amou até a morte e assim venceu a violência. É preciso tornar presente, em primeiro lugar na nossa "própria" vida, o Deus vivo, o Deus que não é um desconhecido, um Deus inventado, um Deus só pensado, mas um Deus que se mostrou, mostrou a si mesmo e o seu rosto.

Só assim a nossa vida se torna verdadeira, autenticamente humana; e assim também os critérios do verdadeiro humanismo se tornam presentes na sociedade.

Também aqui, como eu disse na primeira resposta, não podemos construir essa vida justa e reta sozinhos, mas devemos caminhar na companhia de amigos justos e retos, de companheiros com os quais possamos viver a experiência da existência de Deus e sentir a beleza do caminhar com Deus. E caminhar na grande companhia da Igreja, que nos apresenta ao longo dos séculos a presença do Deus que fala, que age, que nos acompanha.

Eu diria, portanto: encontrar Deus, encontrar o Deus que se revelou em Jesus Cristo, caminhar na companhia da sua grande família, com os nossos irmãos e irmãs que são a família de Deus; parece-me que este é o conteúdo essencial do apostolado de que falei.

26. V. Santidade, chamo-me Vittorio. Pertenço à paróquia de São João Bosco em Cinecittà. Tenho 20 anos e estudo Pedagogia na Universidade de Tor Vergata. Uma vez mais, na vossa Mensagem, V. S. nos convida a não ter medo de responder com generosidade ao Senhor, especialmente quando propõe que o sigamos na vida consagrada ou na vida sacerdotal.
Dizeis-nos que não devemos ter medo, que devemos confiar n'Ele e que não seremos decepcionados. Estou convencido de que muitos de nós, os que estamos aqui, ou entre os que nos acompanham em casa esta tarde através da televisão, estão pensando em seguir Jesus numa vida consagrada, mas nem sempre é fácil compreender se esse é o caminho certo. V. S. pode dizer-nos como chegou a compreender a vossa vocação? Pode dar-nos alguns conselhos para compreendermos se o Senhor nos chama para segui-Lo na vida consagrada ou sacerdotal?

No que me diz respeito, cresci num mundo muito diferente do mundo de hoje, mas no final as situações se assemelham.

Por um lado, ainda existia a situação de "cristandade" em que era normal frequentar a igreja e aceitar a fé como revelação de Deus e procurar viver segundo a revelação; por outro, havia o regime nazista, que afirmava em voz alta: "Na nova Alemanha não haverá mais sacerdotes, não haverá mais vida consagrada; não precisamos dessa gente; procurem outra profissão." Mas foi precisamente ouvindo essas vozes "fortes", frente à brutalidade daquele sistema com face desumana, que compreendi que, ao contrário, havia uma grande necessidade de sacerdotes.

Esse contraste, a visão daquela cultura anti-humana, confirmou-me na convicção de que o Senhor, o Evangelho e a fé nos mostravam o caminho justo e que devíamos comprometer-nos com a sobrevivência desse caminho. Nessa situação, a vocação para o sacerdócio cresceu de modo quase natural comigo e sem grandes acontecimentos de conversão.

Além disso, duas coisas me ajudaram nesse caminho: ainda pequeno, ajudado pelos meus pais e pelo pároco, descobri a beleza da liturgia e passei a amá-la cada vez mais, porque sentia que nela refletese a beleza divina e o céu se revela diante de nós.

O segundo elemento foi a descoberta da beleza do conhecimento, do conhecimento de Deus, da Sagrada Escritura, graças à qual é possível empreender aquela grande aventura do diálogo com Deus que é a Teologia. Assim, foi uma alegria entrar nesse trabalho milenar da Teologia, nessa celebração da Liturgia em que Deus está conosco e celebra conosco.

Naturalmente, não faltaram dificuldades. Eu me perguntava se realmente conseguiria viver o celibato durante toda a vida. Sendo um homem de formação teórica e não prática, também sabia que não era suficiente amar a Teologia para ser um bom sacerdote, mas que era necessário estar sempre disponível para os jovens, os idosos, os doentes, os pobres: a necessidade de ser simples com os simples. A Teologia é bela, mas a simplicidade das palavras e da vida cristã é indispensável. E assim eu me perguntava: Serei capaz de viver tudo isto e de não ser unilateral, apenas um teólogo, etc.?

Mas o Senhor me ajudou, e ajudou-me principalmente a companhia dos amigos, de bons sacerdotes e professores.

Voltando à pergunta, penso que é importante estar atentos aos gestos do Senhor no nosso caminho. Ele nos fala através de acontecimentos, de pessoas, de encontros: é preciso estar atentos a tudo isso.

Depois, um segundo ponto, é criar realmente amizade com Jesus, estabelecer uma relação pessoal com Ele, e não saber quem Jesus é só por meio de outras pessoas ou de livros, mas viver uma relação cada vez mais aprofundada de amizade pessoal com Jesus, na qual podemos começar a compreender o que Ele pede de nós.

E em seguida, a atenção ao que eu sou, às minhas possibilidades: por um lado, coragem e, por outro, humildade, confiança e abertura, também com a ajuda de amigos, da autoridade da Igreja, e ainda de sacerdotes e das famílias: o que o Senhor quer de mim?

Seguramente, esta é sempre uma grande aventura, mas a vida só pode ser bem-sucedida se eu tiver a coragem da aventura, a confiança de que o Senhor nunca me deixará sozinho, que me acompanhará e me ajudará.

27. Padre Santo, meu nome é Giovanni, tenho 17 anos, estudo no Liceu Científico e Tecnológico "Giovanni Giorgi" de Roma e pertenço à paróquia de Santa Maria Mãe da Misericórdia.

Peço-lhe que nos ajude a compreender melhor como a revelação bíblica e as teorias científicas podem convergir na busca da verdade.

Somos frequentemente levados a acreditar que ciência e fé são inimigas uma da outra; que ciência e técnica são a mesma coisa; que a lógica matemática descobriu tudo; que o mundo é fruto do acaso, e que se a matemática não descobriu o teorema Deus é porque Deus simplesmente não existe.

Em resumo, especialmente quando estudamos, nem sempre é fácil reconduzir tudo a um projeto divino, inerente à natureza e à história do Homem. Assim, às vezes, a fé vacila ou se reduz a um simples ato sentimental.

Também eu, Santo Padre, como todos os jovens, tenho fome da Verdade: Mas o que posso fazer para harmonizar Ciência e Fé?

O grande Galileu disse que Deus escreveu o livro da natureza na forma da linguagem matemática. Ele estava convencido de que Deus nos deu dois livros: o livro da Sagrada Escritura e o da natureza. A linguagem da natureza — essa era sua convicção — é a matemática, portanto esta é uma linguagem de Deus, do Criador.

Reflitamos agora sobre o que é a matemática: em si mesma, é um sistema abstrato, uma invenção do espírito humano, que como tal em sua pureza não existe. Ele sempre se realiza de modo aproximado, mas — como tal — é um sistema intelectual, é uma grande, genial invenção do espírito humano.

O surpreendente é que essa invenção da nossa mente humana é verdadeiramente a chave para compreender a natureza, que a natureza é realmente estruturada de modo matemático e que a nossa matemática, inventada por nosso espírito, é realmente o instrumento para poder trabalhar com a natureza, para colocá-la ao nosso serviço, para instrumentalizá-la por meio da técnica.

Parece-me quase incrível que uma invenção do intelecto humano e a estrutura do universo coincidam: a matemática inventada por nós dá-nos realmente acesso à natureza do universo e nos possibilita utilizá-la.

Portanto, a estrutura intelectual do sujeito humano e a estrutura objetiva da realidade coincidem: a razão subjetiva e a razão objetiva na natureza são idênticas. Penso que essa coincidência entre o que pensamos e o modo como a natureza se realiza e se comporta sejam um grande enigma e desafio, pois vemos que, no final, é "uma" razão que une os dois: a nossa razão não poderia descobrir essa outra se na origem das duas não se encontrasse uma razão idêntica.

Nesse sentido, parece-me realmente que a matemática — na qual Deus como tal não pode aparecer — nos mostra a estrutura inteligente do universo. Agora, existem também teorias do caos, mas são limitadas, porque se o caos prevalecesse, toda a técnica se tornaria impossível. Apenas porque a nossa matemática é confiável é que a técnica é confiável.

A nossa ciência, que finalmente possibilita trabalhar com as energias da natureza, supõe a estrutura confiável, inteligente, da matéria. Vemos assim que há uma racionalidade subjetiva e uma racionalidade objetiva na matéria, que coincidem.

Naturalmente, ninguém pode provar agora — como se prova no experimento, nas leis técnicas — que as duas têm origem realmente em uma única inteligência, mas me parece que essa unidade da inteligência, atrás das duas inteligências, aparece realmente no nosso mundo.

E quanto mais conseguimos instrumentalizar o mundo com a nossa inteligência, tanto mais se manifesta o plano da Criação.

No fim, para chegar à questão definitiva, eu diria: Deus existe ou não existe. São duas apenas as opções. Ou se reconhece a prioridade da razão, da Razão criadora que está na origem de tudo e é o princípio de todas as coisas — a prioridade da razão é também a prioridade da liberdade — ou se sustenta a prioridade do irracional, segundo o qual tudo o que acontece na terra e na nossa vida seria apenas acidental, marginal, um produto irracional — a razão seria um produto da irracionalidade.

Em última análise, não se pode "provar" nenhum dos dois projetos, mas a grande opção do cristianismo é a opção pela racionalidade e pela prioridade da razão. Essa me parece uma excelente opção, que demonstra como por trás de tudo existe uma grande Inteligência em que podemos confiar.

Mas o verdadeiro problema contra a fé hoje me parece ser o mal no mundo: perguntamos como ele pode ser compatível com essa racionalidade do Criador. E aqui precisamos realmente do Deus que se fez carne e nos mostra que Ele não é só uma razão matemática, mas que essa razão originária é também Amor. Olhando as grandes opções, a opção cristã é também hoje a mais racional e a mais humana.

Por isso podemos elaborar com confiança uma filosofia, uma visão do mundo baseada nessa prioridade da razão, nessa confiança de que a Razão criadora é amor, e que esse amor é Deus.

IV. Perguntas Feitas por Sacerdotes da Diocese de Albano

As perguntas a seguir foram feitas por sacerdotes da Diocese de Albano durante um encontro com o papa Bento XVI em Castel Gandolfo (residência de verão do papa), no dia 31 de agosto de 2006.

28.[19] *O nosso Bispo, mesmo que brevemente, descreveu-lhe a situação da nossa diocese de Albano. Nós sacerdotes estamos plenamente inseridos nessa Igreja e sentimos todos os seus problemas e complexidades. Jovens e idosos, sentimo-nos todos inadequados, em primeiro lugar porque somos poucos em relação às muitas necessidades e somos de diversas proveniências; além disso, sofremos da escassez de vocações sacerdotais. É por esses motivos que às vezes desanimamos, procurando remendar um pouco aqui um pouco ali, muitas vezes obrigados a atender a emergências, apenas, sem projetos precisos. Vendo tudo o que precisa ser feito, somos tentados a dar prioridade ao "fazer" e a negligenciar o "ser"; essa situação reflete-se inevitavelmente sobre a nossa vida espiritual, sobre o diálogo com Deus, a oração e a caridade (o amor) por nossos irmãos, principalmente os distantes. Santo Padre, o que V. S. pode nos dizer sobre isso? Eu já sou idoso [...]. mas estes jovens coirmãos podem ter esperança?*

Queridos irmãos, eu gostaria de vos dizer, antes de tudo, uma palavra de boas-vindas e de agradecimento. Estou grato ao cardeal Sodano pela sua presença, com a qual expressa o seu amor e a sua solicitude por esta Igreja Suburbicária. Agradeço as palavras de Vossa Excelência. Com poucas frases, apresentou-me a situação da sua diocese, que eu não conhecia nessa medida. Eu sabia que é a maior diocese suburbicária, mas desconhecia que havia chegado a quinhentas mil almas. Assim, vejo uma diocese cheia de desafios e de dificuldades, mas certamente, também de alegrias na fé. E vejo que todas as questões do nosso tempo estão presentes: emigração, turismo, marginalização, agnosticismo, mas também uma fé firme.

Não tenho neste momento a pretensão de ser, por assim dizer, um "oráculo" que poderia responder de modo satisfatório a todas as ques-

---

19. Pergunta feita pelo Pe. Giuseppe Zane, vigário "ad omnia", 83 anos.

tões. As palavras de São Gregório Magno citadas por Vossa Excelência — que cada um conheça *"infirmitatem suam"*[20] — aplicam-se também ao papa. Dia após dia, também o papa deve conhecer e reconhecer *"infirmitatem suam"*, os seus limites. Deve reconhecer que só na colaboração com todos, no diálogo, na cooperação comum, na fé, como *"cooperatores veritatis"*[21] — da Verdade que é uma Pessoa, Jesus — podemos realizar juntos a nossa tarefa, cada um fazendo a sua parte. Nesse sentido, as minhas respostas não serão exaustivas, mas fragmentárias. Contudo, aceitamos precisamente isto: somente juntos podemos compor o "mosaico" de um trabalho pastoral que responda à grandeza dos desafios.

Mas devo[22] dizer que cada um de nós tem momentos de esmorecimento diante de tudo o que seria necessário fazer e dos limites de quanto realmente se pode fazer. Também isso se aplica ao Papa. O que devo fazer nesta hora da Igreja, com tantos problemas, com tantas alegrias, com tantos desafios que dizem respeito à Igreja universal? Acontecem tantas coisas dia após dia e não sou capaz de responder a tudo. Faço a minha parte, faço o que posso. Procuro identificar as prioridades. E sinto-me feliz por ser coadjuvado por tantos bons co-

---

20. "Sua fraqueza." O papa São Gregório I, "Magno", escreveu (*ep.* I.26) que quase declinou de aceitar sua eleição como Bispo de Roma por causa de "sua fraqueza" diante dos imensos desafios. Ele tinha uma forte inclinação para a vida monástica de silêncio, estudo e oração, à semelhança do próprio papa Bento. Ele foi chamado da sua vida como monge para ser Bispo de Roma. Gregório foi papa num período muito difícil, quando o Império estava se esfacelando. No vácuo de poder e de serviços sociais, o papa precisou ser o orientador espiritual e ao mesmo tempo secular de Roma, atendendo também às necessidades materiais das pessoas. Era uma tarefa assustadora para a qual ele se sentia despreparado.
21. "Cooperadores da Verdade", uma frase de 3 Jo 8. Esse era o moto de Joseph Ratzinger em seu brasão como arcebispo de Munique e como cardeal. Isso revela a percepção do papa de que ninguém tem o monopólio da verdade. Devemos trabalhar juntos, cada um com suas aptidões e no seu papel, com a ajuda de Deus e com Cristo, que é a Verdade, como nosso ponto de partida e como objetivo último.
22. O papa dirigiu-se ao cardeal Sodano nesse ponto, "Cardeal Sodano, V. Eminência disse que o nosso querido irmão, Pe. Zane, parece um pouco pessimista".

laboradores. Já aqui posso dizer, neste momento: vejo todos os dias o grande trabalho realizado pela Secretaria de Estado sob a vossa sábia orientação. Somente com essa rede de colaboração, inserindo-me com as minhas pequenas capacidades numa totalidade maior, é que posso e ouso ir em frente.

E assim, naturalmente, muito mais um pároco que está sozinho, vê que há muitas coisas a fazer nessa situação que o senhor, Pe. Zane, descreveu brevemente. E ele só pode fazer alguma coisa, "remendar", como o senhor disse, fazer uma espécie de "pronto socorro", ciente de que se deveria fazer muito mais.

Então, eu diria que a primeira necessidade de todos nós é reconhecer com humildade os nossos limites, reconhecer que devemos deixar que o Senhor faça a maior parte das coisas. Hoje, ouvimos no Evangelho a parábola do servo fiel (Mt 24:42-51). Este servo, diz-nos o Senhor, dá o alimento aos outros no momento apropriado. Ele não faz tudo ao mesmo tempo, mas é um servo sábio e prudente que sabe o que precisa ser feito numa determinada situação. Ele faz isso com humildade e também está seguro da confiança do seu mestre. Assim também nós devemos fazer todo o possível para procurar ser sábios e prudentes, e também ter confiança na bondade do nosso "Mestre", do Senhor, porque no final é ele mesmo que deve guiar a sua Igreja.

Nós nos inserimos nela com o nosso pequeno dom e fazemos o que podemos, sobretudo as coisas sempre necessárias: os Sacramentos, o anúncio da Palavra, os sinais da nossa caridade e do nosso amor.

No que se refere à vida interior que o senhor mencionou, eu diria que ela é essencial para o nosso serviço de sacerdotes. O tempo que reservamos para a oração não é um tempo subtraído à nossa responsabilidade pastoral, mas é precisamente "trabalho" pastoral, é rezar também pelos outros. No "Comum dos Pastores", lê-se como característica do bom Pastor que *"multum oravit pro fratribus"*.[23] Isto é próprio do Pastor,

---

23. Literalmente, "muito rezou pelos irmãos." O Santo Padre emprega sutilmente a preposição latina "pro", que não é apenas "por", como na expressão "no interesse de",

que seja homem de oração, que esteja diante do Senhor rezando pelos outros, inclusive substituindo outros que talvez não saibam rezar, não queiram rezar ou não encontrem tempo para rezar. Assim, é evidente que esse diálogo com Deus é uma obra pastoral!

Eu diria, portanto, que a Igreja nos dá, quase nos impõe — mas sempre como uma boa Mãe — que tenhamos tempo livre para Deus, com as duas práticas que fazem parte dos nossos deveres: celebrar a Santa Missa e recitar o Breviário. Mas mais do que recitar, realizá-lo como escuta da Palavra que o Senhor nos oferece na Liturgia das Horas.

É necessário interiorizar essa Palavra, estar atento ao que o Senhor me diz com essa palavra, e depois ouvir o comentário dos Padres da Igreja ou também do Concílio, na segunda Leitura do Ofício das Leituras, e rezar com essa grande invocação que são os Salmos, com os quais somos inseridos na oração de todos os tempos. O povo da Antiga Aliança reza conosco, e nós rezamos com ele. Rezamos com o Senhor, que é o verdadeiro sujeito dos Salmos. Rezamos com a Igreja de todos os tempos. Eu diria que o tempo dedicado à Liturgia das Horas é um tempo precioso. A Igreja nos dá essa liberdade, esse espaço livre de vida com Deus, que é também vida para os outros.

Assim, parece-me importante constatar que estas duas realidades — a Santa Missa celebrada realmente em diálogo com Deus e a Liturgia das Horas — são zonas de liberdade, de vida interior, que a Igreja nos proporciona e que são uma riqueza para nós. Nelas, como disse, encontramos não só a Igreja de todos os tempos, mas o próprio Senhor, que fala conosco e espera a nossa resposta. Assim, aprendemos a rezar inserindo-nos na oração de todos os tempos e encontramos também o povo. Pensemos nos Salmos, nas palavras dos Profetas, nas palavras do Senhor e dos Apóstolos, pensemos nos comentários dos Padres.

---

mas que também é possível "em lugar de". O sacerdote, que cumpre a tríplice função de Cristo de ensinar, governar e santificar o povo, age como mediador do povo com Deus. Ele reza na Igreja tanto por si mesmo como pelo povo de Deus, e no lugar das pessoas mesmo quando elas não rezam como deviam.

Hoje tivemos o maravilhoso comentário de São Columbano sobre Cristo, a fonte de "água viva" da qual bebemos. Rezando, encontramos também os sofrimentos do povo de Deus, hoje. Essas orações nos fazem pensar na vida de todos os dias e nos guiam ao encontro com o povo de hoje. Iluminam-nos nesse encontro, porque a ele não levamos apenas a nossa pequena inteligência, o nosso amor de Deus, mas aprendemos por meio dessa Palavra de Deus, também a levar-lhe Deus. Esse povo espera isto de nós: que lhe levemos a "água viva" da qual fala hoje São Columbano. O povo tem sede e procura satisfazer essa sede com diversos paliativos. Mas compreende bem que esses paliativos não são a "água viva" que necessita. O Senhor é a fonte da "água viva". Mas ele diz, no capítulo 7 de João, que todo o que crê se torna "fonte", porque bebeu de Cristo. E essa "água viva" (cf. Jo 7:38) torna-se em nós água que jorra, fonte para os outros. Assim procuramos bebê-la na oração, na celebração da Santa Missa, na leitura: procuramos beber dessa fonte para que se torne fonte em nós. E podemos responder melhor à sede do povo de hoje tendo em nós a "água viva", a realidade divina, a realidade do Senhor Jesus que se fez carne. Assim podemos responder melhor às necessidades do nosso povo.

Isto no que se refere à primeira pergunta. O que podemos fazer? Façamos sempre o possível pelo povo — nas outras perguntas teremos possibilidade de voltar a este ponto — e vivamos com o Senhor para poder responder à verdadeira sede do povo.

A sua segunda pergunta foi: Temos esperança para esta Diocese, para esta porção do povo de Deus que compõe a diocese de Albano e para a Igreja? Respondo sem hesitar: Sim! É evidente que temos esperança: a Igreja está viva! Temos dois mil anos de história da Igreja, com tantos sofrimentos, também com tantos fracassos: pensemos na Igreja da Ásia Menor, na grande e florescente Igreja da África do Norte, que desapareceu com a invasão muçulmana. Assim, porções da Igreja podem realmente desaparecer, como diz São João — ou o Senhor através de João — no Apocalipse: "Virei a ti e, caso não te convertas, removerei teu candelabro de sua posição" (Ap 2:5). Mas, por outro lado, vemos como entre tantas crises a Igreja ressurgiu com uma nova juventude, com um novo vigor.

No século da Reforma, a Igreja Católica parecia realmente ter terminado. Essa nova corrente que afirmava, "Agora a Igreja de Roma terminou", parecia triunfar. E vemos que com os grandes santos, como Inácio de Loyola, Teresa de Ávila, Carlos Borromeu e outros, a Igreja ressurgiu. No Concílio de Trento, ela encontra uma nova atualização e uma revitalização da sua doutrina. E revive com grande vitalidade. Temos o tempo do Iluminismo, quando Voltaire disse: "Esta antiga Igreja finalmente acabou, a humanidade vive!" E, ao contrário, o que acontece? A Igreja renova-se.

O século XIX torna-se o século dos grandes santos, de uma nova vitalidade para muitas congregações religiosas, e a fé é mais forte que todas as correntes que vêm e vão. A mesma coisa aconteceu no século passado. Hitler disse certa vez: "A Providência chamou a mim, um católico, para pôr fim ao catolicismo. Só um católico pode destruir o catolicismo." Ele estava convencido de que possuía todos os meios para finalmente destruir o catolicismo. Do mesmo modo, a grande corrente marxista tinha certeza de que faria a revisão científica do mundo e que abriria as portas ao futuro: a Igreja chegou ao fim, acabou! Mas a Igreja é mais forte, segundo as palavras de Cristo. É a vida de Cristo que vence na sua Igreja.

Mesmo em tempos difíceis, quando faltam vocações, a Palavra do Senhor permanece eternamente. E quem — como diz o próprio Senhor — constrói a sua vida sobre esta "pedra" da Palavra de Cristo, constrói bem. Por isso, podemos ter confiança. Vemos também no nosso tempo novas iniciativas de fé. Vemos que na África a Igreja, apesar de todos os seus problemas, apresenta um florescer de novas vocações, fato que é muito estimulante.

E assim, com todas as diversidades do panorama histórico de hoje, vemos — e não só vemos, como cremos — que as palavras do Senhor são espírito e vida, são palavras de vida eterna. São Pedro disse, como ouvimos domingo passado no Evangelho (Jo 6:68-9): "Tens palavras de vida eterna, e nós cremos e reconhecemos que tu és o Santo de Deus." E ao ver a Igreja de hoje, ao ver, com todos os sofrimentos, a vitalidade da Igreja, podemos também nós dizer: acreditamos e sabemos que tu nos dás palavras de vida eterna, e portanto uma esperança que não falha.

29.[24] Nos últimos anos, em sintonia com o projeto da Conferência dos Bispos Italianos para a década 2000-2010, estivemos trabalhando para realizar um projeto de "pastoral integrada". As dificuldades são muitas. Vale a pena lembrar pelo menos o fato de que muitos entre nós, sacerdotes, estamos ainda ligados a uma certa prática pastoral pouco missionária que parecia consolidada, por estar vinculada a um contexto, como se diz, "de cristandade". Por outro lado, muitos dos pedidos de um grande número de fiéis supõem que a paróquia é um "supermercado" de serviços sagrados. Assim, esta é a pergunta que eu gostaria da fazer a V. Santidade: Pastoral integrada é só uma questão de estratégia, ou há uma razão mais profunda pela qual devamos continuar a trabalhar nessa direção?

Devo confessar que conheci a expressão "pastoral integrada" com a sua pergunta. Mas compreendi o seu conteúdo: que devemos procurar integrar num único processo pastoral tanto os diversos agentes pastorais que existem hoje quanto as diversas dimensões da ação pastoral. Assim, eu faria distinção entre as dimensões e os sujeitos do trabalho pastoral, e depois procuraria integrar o todo num único processo pastoral.

Na sua pergunta, o senhor explicou que há a nível, digamos, "clássico" do trabalho na paróquia para os fiéis que permaneceram — e que talvez estejam também aumentando — dando vida à nossa paróquia. Essa é a pastoral "clássica" e é sempre importante. Normalmente distingo entre evangelização continuada — porque a fé continua, a paróquia

---

24. Pergunta feita por Mons. Gianni Macella, pároco em Albano.

vive — e evangelização nova, que procura ser missionária, ultrapassar os limites dos que já são "fiéis" e vivem na paróquia, ou recorrem, talvez também com uma fé "reduzida", aos serviços paroquiais.

Na paróquia, parece-me que temos três compromissos fundamentais que derivam da essência da Igreja e do ministério sacerdotal. O primeiro é o serviço sacramental. Eu diria que o Batismo, a sua preparação e o compromisso de dar continuidade às promessas batismais, já nos põem em contato também com os que não são muito crentes. Não é um trabalho, digamos, para conservar a cristandade, mas é um encontro com pessoas que talvez raramente vão à igreja. A tarefa de preparar o Batismo, de abrir as almas dos pais, dos parentes, dos padrinhos e madrinhas à realidade do batismo, já pode ser e deveria ser um compromisso missionário que vai muito além dos limites das pessoas já "fiéis".

Preparando o batismo, procuramos fazer as pessoas compreenderem que esse sacramento é inserção na família de Deus, que Deus vive, que Ele se preocupa conosco. Preocupa-se a ponto de ter assumido a nossa carne e de ter instituído a Igreja que é o seu Corpo, no qual pode assumir novamente na carne, por assim dizer, a nossa sociedade.

O batismo é novidade de vida no sentido de que, além do dom da vida biológica, temos necessidade do dom de um sentido para a vida que seja mais forte que a morte e que perdure mesmo quando, um dia, os pais vierem a morrer. O dom da vida biológica só se justifica se pudermos acrescentar a promessa de um sentido estável, de um futuro que, também nas crises que ocorrerem — e que nós não podemos conhecer —, dê valor à vida, de modo que valha a pena viver, ser criaturas.

Penso que na preparação deste sacramento ou em diálogo com os pais que desconfiam do batismo, temos uma situação missionária. É uma mensagem cristã. Devemos tornar-nos intérpretes da realidade que tem início com o batismo.

Não conheço suficientemente bem o ritual italiano.[25] No ritual clássico, herdado da Igreja antiga, o Batismo começa com a pergunta: "O que pedis à Igreja de Deus?" Hoje, pelo menos no ritual alemão, a resposta é simplesmente: "O batismo." Isso não explicita suficientemente o que se deve desejar. No ritual antigo dizia-se: "A fé." Isto é, uma relação com Deus. Conhecer a Deus. "E por que pedis a fé?", continua o rito. "Porque queremos a vida eterna." Isto é, queremos uma vida segura também nas crises futuras, uma vida que tenha sentido, que justifique o fato de ser homem. Em todo caso, parece-me que esse diálogo deve ser mantido com os pais já antes do batismo. Apenas para dizer que o dom do sacramento não é simplesmente uma "coisa", não é meramente "coisificação", como dizem os franceses, mas é trabalho missionário.

Depois vem a Confirmação, que deve ser preparada na idade em que as pessoas começam a tomar decisões também em relação à fé. Certamente não devemos transformar a Confirmação numa espécie de "pelagianismo", quase como se nela a pessoa se fizesse católica sozinha, mas num entrelaçamento entre dom e resposta.

Por fim, a Eucaristia é a presença permanente de Cristo na celebração cotidiana da santa missa. Ela é muito importante, como eu disse, para o sacerdote, para a sua vida sacerdotal, como presença real do dom do Senhor.

Podemos mencionar agora também o matrimônio: também ele se apresenta como uma grande ocasião missionária, porque hoje — graças a Deus — muitas pessoas ainda querem se casar na igreja, mesmo entre as que a frequentam pouco. É uma oportunidade para levar esses jovens a encarar a realidade que é o matrimônio cristão, o matrimônio sacramental. Parece-me também uma grande responsabilidade. Vemos

---

25. O Santo Padre refere-se não tanto a um "rito" diferente, como se cerimônias totalmente diferentes sejam celebradas na Itália ou na Alemanha. Ele se refere mais às opções no rito que são aprovadas pela Igreja e habitualmente usadas mais em um lugar do que em outro.

isso nos processos de anulação e principalmente no grande problema dos divorciados que voltam a se casar, que querem receber a Comunhão e não compreendem por que não é possível. Provavelmente não compreenderam, no momento do "sim" diante do Senhor, o que é esse "sim". É uma identificação com o "sim" de Cristo conosco. É um entrar na fidelidade de Cristo, portanto no Sacramento que é a Igreja, e assim no Sacramento do Matrimônio.

Penso por isso que a preparação para o matrimônio é uma oportunidade missionária de suma importância para proclamar novamente o Sacramento de Cristo no Sacramento do Matrimônio, para compreender essa fidelidade e assim ajudar as pessoas a compreender o problema dos divorciados que tornam a se casar.

Este é o primeiro setor, o setor "clássico" dos Sacramentos que nos dá a oportunidade de encontrar pessoas que não vão à igreja todos os domingos, e portanto a oportunidade para um anúncio realmente missionário, para uma "pastoral integrada".

O segundo setor é o anúncio da Palavra, com os dois elementos essenciais: a homilia e a catequese.

No Sínodo dos Bispos do ano passado, os Padres falaram muito da homilia, evidenciando como é difícil hoje encontrar a "ponte" entre a Palavra do Novo Testamento, escrita há dois mil anos, e o nosso presente. Devo dizer que a exegese histórico-crítica com frequência não é suficiente para ajudar-nos a preparar a homilia. Eu mesmo verifico isso, e procuro preparar homilias que atualizem a Palavra de Deus: ou melhor — dado que a Palavra tem uma atualidade em si — que fazem as pessoas perceber, compreender, essa atualidade. A exegese histórico-crítica nos diz muito sobre o passado, sobre o momento em que a Palavra nasceu, sobre o significado que teve no tempo dos apóstolos de Jesus, mas nem sempre nos ajuda suficientemente a compreender que a palavra de Jesus, dos apóstolos e também do Antigo Testamento são espírito e vida: o Senhor do Antigo Testamento fala também hoje.

Penso que devemos "desafiar" os teólogos — o Sínodo fez isso — a prosseguir, a ajudar mais os párocos a preparar as homilias, a mostrar a presença da Palavra: o Senhor fala comigo hoje e não só no passado.

Nos últimos dias, estive lendo o esboço da Exortação Apostólica pós-Sinodal. Vi com satisfação que o documento retoma esse "desafio" de preparar modelos de homilias. No fim, a homilia é preparada pelo pároco no seu contexto, porque fala à "sua" paróquia. Mas ele precisa de ajuda para compreender e para poder fazer compreender esse "presente" da Palavra, que nunca é uma palavra do passado, mas do "hoje".

Por fim, o terceiro setor: *caritas*[26], *diakonia*[27]. Somos sempre responsáveis pelos que sofrem, pelos doentes, pelos marginalizados, pelos pobres. Pelo retrato da vossa diocese, vejo que são muitos os que necessitam da nossa *diakonia*, e também esta é uma ocasião sempre missionária. Assim, parece-me que a pastoral paroquial "clássica" transcende a si mesma nos três setores e se torna pastoral missionária.

Passo agora ao segundo aspecto da pastoral, relacionado com os agentes e com o trabalho a ser feito. O pároco não pode fazer tudo! É impossível! Ele não pode ser um "solista", não pode fazer tudo, mas precisa de outros agentes pastorais. Tenho a impressão de que hoje, seja nos Movimentos, seja na Ação Católica e nas novas Comunidades que existem, temos agentes que devem ser colaboradores na paróquia para uma pastoral "integrada".

Eu gostaria de dizer que hoje é importante para essa pastoral "integrada" que os outros agentes que existem não só sejam ativados, mas integrados no trabalho da paróquia. O pároco não deve só "fazer", mas também "delegar". Eles devem aprender a integrar-se realmente

---

26. "*Caritas*" é a palavra latina para "caridade", o amor sacrificial que é uma das virtudes teologais infusas no Batismo e fortalecidas com o estado de graça. A caridade, diferente das formas menores de amor, sempre procura o bem do outro, o amor ao próximo e o amor a Deus. "Caritas" é também o nome de uma organização caritativa católica internacional. O papa Bento XVI escreveu sobre este tema em sua primeira encíclica "*Deus caritas est...* Deus é amor" e em sua Exortação Pós-Sinodal "*Sacramentum Caritatis*" sobre a Eucaristia e sua celebração litúrgica.
27. "*Diakonia*" é o termo grego para "serviço" ou "ministério" na Igreja. Dele deriva a palavra "diácono", um ministro que tem como função específica atender aos bens materiais da Igreja e dar assistência aos pobres.

no compromisso comum pela paróquia e, naturalmente, também na autotranscendência da paróquia num duplo sentido: autotranscendência no sentido de que as paróquias colaboram com a Diocese, porque o Bispo é o seu Pastor comum e ajuda a coordenar também os seus compromissos; e autotranscendência no sentido de que trabalham para todos os homens deste tempo e procuram também fazer chegar a mensagem aos agnósticos, às pessoas que estão em busca. Este é o terceiro nível, do qual já falamos extensamente.

Parece-me que as oportunidades mencionadas nos dão a possibilidade de encontrar e de dizer uma palavra missionária àqueles que não frequentam a paróquia, não têm fé ou têm pouca fé. São principalmente esses novos sujeitos da pastoral e os leigos que exercem as profissões deste nosso tempo que devem levar a Palavra de Deus também aos ambientes que muitas vezes são inacessíveis ao pároco.

Coordenados pelo Bispo, procuremos juntos organizar esses diversos setores da pastoral, ativar os vários agentes e sujeitos pastorais no compromisso comum: por um lado, ajudar a fé dos crentes, que é um grande tesouro e, de outro, fazer chegar o anúncio da fé a todos os que procuram com coração sincero uma resposta satisfatória para as suas interrogações existenciais.

30.[28] V. Santidade, para o ano pastoral que está para iniciar, a nossa diocese foi chamada pelo bispo a prestar especial atenção à liturgia, tanto na dimensão teológica como na prática celebrativa. O tema central para reflexão nas semanas residenciais de que participaremos no próximo mês de setembro é: "Planejamento e aplicação do anúncio no ano litúrgico, nos sacramentos e nos sacramentais." Como sacerdotes, somos chamados a celebrar uma liturgia "séria, simples e bela", para usar uma bonita fórmula contida no documento "Comunicação do

---

28. Pergunta feita pelo Pe. Vittorio Petruzzi, vigário em Aprilia.

Evangelho num Mundo em Mudança" do Episcopado italiano. Santo Padre, poderia ajudar-nos a compreender como se pode traduzir tudo isso na "ars celebrandi?"[29]

Ars celebrandi: Também aqui eu diria que existem diferentes dimensões. A primeira é que a *celebratio*[30] é oração e diálogo com Deus: Deus conosco e nós com Deus. Assim, a primeira exigência para uma boa celebração é que o sacerdote entre realmente nesse diálogo. Anunciando a Palavra, ele mesmo se sente em diálogo com Deus. Ele é ouvinte da Palavra e anunciador da Palavra, no sentido de que se torna instrumento do Senhor e procura compreender essa Palavra de Deus que depois deve transmitir ao povo. Está em diálogo com Deus porque os textos da Santa Missão não são textos teatrais ou algo semelhante, mas são orações, graças às quais, com a assembleia, eu falo com Deus.

Por conseguinte, é importante entrar nesse diálogo. Na sua "Regra", falando da recitação dos Santos, São Bento diz aos monges: "*Mens concordet voci.*"[31] A *vox*[32], a palavra, precede a mente. Normalmente

---

29. Esse é um tema discutido extensamente durante o Sínodo dos Bispos de outubro de 2005. Bento XVI discorreu sobre ele longamente em sua Exortação Pós-Sinodal *Sacramentum Caritatis*. Significa "arte de celebrar" a liturgia. Essa arte refere-se à consciência litúrgica do ministro em sua função, seu estilo, sua compreensão do que está fazendo e por quê, de modo que o significado do rito em si é comunicado por meio de suas palavras e ações. Especialmente importante na análise papal da *ars celebrandi* foi a necessidade de o padre (bispo ou diácono) nunca impor a própria personalidade ao rito para não desvirtuar o conteúdo da liturgia.

30. Realização de uma função sagrada (por exemplo, a celebração da missa).

31. "A mente deve estar em harmonia com a palavra."

32. *Vox*, em latim, significa "palavra" ou "voz" e é tradução da palavra grega "*logos*". Isso nos leva a uma discussão filosófica complexa do modo como a nossa mente forma conceitos, como compreendemos esses conceitos através de palavras e como as palavras, então, enunciam os conceitos. Cristo é a Palavra eterna através da qual todas as coisas foram criadas. A palavra se fez carne e veio ao mundo para revelar o homem mais plenamente a si mesmo (cf. João 1 e *Gaudium et spes* 22). O nosso coração e a nossa mente devem estar em harmonia e ser moldados pela Palavra de Deus, tanto na Escritura como na pessoa de Cristo, que fala nas palavras da Escritura. Por sua vez, nossas expressões externas em atos e palavras devem estar em sintonia com

não é assim: Primeiro temos de pensar, e depois o pensamento se torna palavra. Mas aqui, a palavra vem antes. A Sagrada Liturgia nos dá as palavras; nós devemos entrar nessas palavras, encontrar a harmonia com essa realidade que nos precede.

Além disso, devemos também aprender a compreender a estrutura da liturgia e por que ela está articulada desse modo. A liturgia se desenvolveu ao longo de dois milênios e também depois da Reforma não se tornou algo elaborado apenas por alguns liturgistas. Ela sempre será a continuação desse crescimento permanente da adoração e do anúncio.

Assim, para poder sintonizar-nos bem, é muito importante compreender essa estrutura que se desenvolveu no decorrer do tempo e entrar com a nossa *mens* na *vox* da Igreja. Na medida em que tenhamos interiorizado essa estrutura, compreendido essa estrutura, assimilado as palavras da liturgia, podemos entrar nessa consonância interior e assim não só falar com Deus como indivíduos, mas entrar no "nós" da Igreja que reza. Desse modo transformamos também o nosso "eu" entrando no "nós" da Igreja, enriquecendo e ampliando esse "eu", rezando com a Igreja, com as palavras da Igreja, estando realmente em diálogo com Deus.

Esta é a primeira condição: Nós mesmos devemos interiorizar a estrutura, as palavras da liturgia, a Palavra de Deus. Assim a nossa celebração se torna realmente uma celebração "com" a Igreja: o nosso coração se alarga e nós não fazemos uma coisa qualquer, mas estamos "com" a Igreja em diálogo com Deus. Parece-me que as pessoas

---

nossa mente e coração interiores, eles próprios em harmonia com a Palavra divina. Esse processo dinâmico de ser moldado na, pela e através da Palavra é como um "diálogo" e esse "diálogo" se torna todo um modo de vida. São Bento pode ter sido influenciado não somente por sua própria experiência, mas também pelas obras de Santo Agostinho, que disse: "O que a voz exprime deve repercutir no coração." Há uma relação recíproca entre o modo como rezamos e aquilo em que acreditamos (*lex orandi lex credendi*). Assim, devemos deixar-nos modelar por nossas orações, pela "voz" da Igreja na liturgia, que ressoa com a própria voz de Cristo.

realmente sentem que estamos em diálogo com Deus, com elas e, por assim dizer, atraímos os outros nessa nossa oração comum, atraímos os outros para a comunhão com os filhos de Deus; ou se, ao contrário, fazemos apenas algo aparente.

Assim, o elemento fundamental da verdadeira *ars celebrandi* é essa consonância, essa harmonia entre o que dizemos com os lábios e o que pensamos com o coração. O *"Sursum corda"*[33], que é uma palavra muito antiga da liturgia, deveria estar já antes do Prefácio, antes da liturgia, como o "caminho" do nosso falar e pensar. Devemos elevar o nosso coração ao Senhor, não só como uma resposta ritual, mas como expressão de tudo o que acontece nesse coração que se eleva e, ao elevar-se, eleva também os outros.

Em outras palavras, a *ars celebrandi* não pretende convidar para uma espécie de teatro ou espetáculo, mas para uma interioridade que se faz sentir e se torna aceitável e evidente para as pessoas que participam. Somente se virem que essa não é uma *ars* exterior, espetacular — não somos atores! — mas a expressão do caminho do nosso coração que atrai também o coração delas, é que a liturgia torna-se bela, torna-se comunhão de todos os presentes com o Senhor.

Naturalmente, a essa condição fundamental, expressa nas palavras de São Bento: "*Mens concordet voci*" — o coração eleve-se realmente, eleve-se ao Senhor — devem associar-se também coisas exteriores. Devemos aprender a pronunciar bem as palavras.

Às vezes, quando eu ainda era professor na minha terra, os jovens liam a Sagrada Escritura. E a liam como se lê um texto de um poeta que não se compreendeu. Naturalmente, para aprender a pronunciar bem, primeiro é preciso compreender o texto na sua dramaticidade, no seu presente. O mesmo vale para o Prefácio e para a Oração Eucarística.

---

33. Literalmente "corações ao alto", ou como a expressão é às vezes traduzida, "elevai os vossos corações". Essa é a exortação do sacerdote durante o Prefácio à Oração Eucarística na Santa Missa. O "diálogo" no início do Prefácio permaneceu praticamente o mesmo desde os primeiros séculos da Igreja.

É difícil para os fiéis seguir um texto tão longo como o da nossa Oração Eucarística. Por isso surgem sempre essas novas "invenções". Mas com Orações Eucarísticas sempre novas não se resolve o problema. O problema é que esse é um momento que convida também os outros ao silêncio com Deus e a rezar com Deus. Portanto, somente se a Oração Eucarística for bem pronunciada, também com os devidos momentos de silêncio, se for pronunciada com interioridade e também com a arte de falar, é que seus efeitos serão mais salutares.

Segue-se que a recitação da Oração Eucarística exige um momento de atenção especial para ser pronunciada de tal modo que envolva os outros. Penso que devemos também encontrar oportunidades, seja na catequese, seja nas homilias, ou em outras ocasiões, para explicar bem ao povo de Deus essa Oração Eucarística, para que ele possa acompanhar os seus grandes momentos: o relato e as palavras da instituição, a oração pelos vivos e pelos mortos, o agradecimento ao Senhor, a *epiclesis*[34], para envolver realmente a comunidade nessa oração.

Assim, as palavras devem ser bem pronunciadas. Depois deve haver uma preparação adequada. Os coroinhas devem saber o que fazer, os leitores devem ter sempre boa dicção. E enfim, o coro, os cantos, devem estar ensaiados; o altar deve estar adequadamente decorado. Mesmo que se trate de muitas coisas práticas, tudo isso faz parte da *ars celebrandi*.

Mas, para concluir, o elemento fundamental é essa arte de entrar em comunhão com o Senhor, que nós preparamos com toda a nossa vida de sacerdotes.

---

34. Palavra grega que significa "invocação". Essa é a parte da Oração Eucarística durante a missa em que o sacerdote pede a Deus que envie o Espírito Santo sobre o pão e o vinho que estão sobre o altar para transformá-los através da transubstanciação no Corpo e no Sangue de Cristo e para que as pessoas então possam beneficiar-se deles.

31.[35] V. Santidade, no Catecismo da Igreja Católica, lemos que a "Ordem e o Matrimônio [...] ordenam-se à salvação dos outros[...] conferem uma missão particular na Igreja e servem para a edificação do povo de Deus" (n. 1534). Parece-nos que isso é realmente fundamental não só para a nossa ação pastoral, mas também para o nosso modo de ser sacerdotes. O que nós, sacerdotes, podemos fazer para traduzir essa proposição em práxis pastoral e, segundo o que V. S. reafirmou recentemente, como comunicar positivamente a beleza do Matrimônio que possa ainda levar os homens e mulheres do nosso tempo a apaixonar-se? Qual a contribuição que a graça sacramental dos esposos pode dar à nossa vida de sacerdotes?

Duas grandes perguntas! A primeira é: Como comunicar a beleza do matrimônio às pessoas de hoje?

Constatamos que muitos jovens relutam em casar-se na igreja porque têm medo do caráter definitivo do matrimônio; aliás, eles retardam também o casamento civil. Atualmente, para muitos jovens e também para quem não é tão jovem, o definitivo representa uma restrição, uma limitação da liberdade. E o que desejam em primeiro lugar é a liberdade. Eles têm medo de que tudo acabe não dando certo. Veem muitos casamentos fracassados. Têm receio de que essa forma jurídica, como a compreendem, seja um peso exterior que extingue o amor.

É preciso fazer compreender que não se trata de um vínculo jurídico, de um peso que se impõe com o matrimônio. Pelo contrário, a profundidade e a beleza estão exatamente nesse caráter definitivo. Só assim o amor pode amadurecer em toda a sua beleza. Mas como é possível comunicar isso? Creio que esse é um problema comum a todos nós.

Vivi um momento importante em Valência[36], quando não só falei sobre esse tema, mas principalmente quando várias famílias se apro-

---

35. Pergunta feita pelo Pe. Angelo Pennazza, pároco em Pavona.
36. O Santo Padre refere-se ao Quinto Encontro Mundial das Famílias realizado em Valência, Espanha, em 8-9 de julho de 2006.

ximaram de mim com um ou mais filhos; uma delas era quase uma "paróquia", tantos eram os filhos! A presença, o testemunho dessas famílias foi realmente muito mais forte do que qualquer palavra.

Essas famílias apresentaram acima de tudo a riqueza da sua experiência familiar: como uma família tão numerosa torna-se realmente uma riqueza cultural, uma oportunidade de educação de uns e de outros, uma possibilidade de fazer conviver as várias expressões da cultura de hoje, a doação de si, a ajuda mútua também no sofrimento, etc.

Mas foi importante também o testemunho das crises enfrentadas por essas famílias. Um desses casais havia quase chegado à beira do divórcio. Explicaram como aprenderam a superar essa crise, esse sofrimento da alteridade do outro, a aceitar-se novamente. Exatamente no superar o momento da crise, do desejo de separar-se, desenvolveu-se uma nova dimensão do amor e abriu-se a porta para uma nova dimensão da vida, uma porta que só podia reabrir-se no suportar o sofrimento da crise.

Isso me parece muito importante. Hoje a crise surge no momento em que se vê a diversidade dos temperamentos, a dificuldade de suportar-se todos os dias, por toda a vida. No fim, então, a decisão: separemo-nos. Com esses testemunhos, compreendemos exatamente que na crise, no suportar o momento em que se tem a impressão de não aguentar mais, realmente se abrem novas portas e uma nova beleza do amor.

Uma beleza feita só de harmonia não é uma verdadeira beleza. Falta alguma coisa, torna-se deficitária. A verdadeira beleza precisa também do contraste. O obscuro e o luminoso se completam. Também a uva, para amadurecer, necessita não só do sol, mas também da chuva, não só do dia, mas também da noite.

Nós mesmos, sacerdotes, quer jovens ou de mais idade, precisamos aprender a necessidade do sofrimento, da crise. Devemos suportar, transcender esse sofrimento. Somente assim a vida se torna rica. Para mim, o fato de o Senhor levar os estigmas por toda a eternidade tem um valor simbólico. Como expressão das atrocidades do sofrimento e da morte, elas agora são selos da vitória de Cristo, de toda a beleza da sua vitória e do seu amor por nós. Devemos aceitar, seja como sacerdotes ou como pessoas casadas, a necessidade de suportar a crise da alteridade, do outro, a crise em que parece que não se consegue mais ficar juntos.

Maridos e mulheres devem aprender a caminhar juntos, também por amor dos filhos, e assim conhecer-se de novo, amar-se de novo, num amor muito mais profundo, muito mais verdadeiro. Assim, num caminho longo, com os seus sofrimentos, o amor realmente amadurece.

Parece-me que nós, sacerdotes, também podemos aprender dos casados, precisamente dos seus sofrimentos e dos seus sacrifícios. Frequentemente pensamos que só o celibato seja um sacrifício. Conhecendo, porém, os sacrifícios das pessoas casadas — pensemos nos seus filhos, nos problemas que surgem, nos medos, sofrimentos, doenças, na revolta, e também nos problemas dos primeiros anos, quando passam as noites quase sempre em claro por causa do choro dos pequenos — devemos aprender deles, dos seus sacrifícios, o nosso sacrifício. E, ao mesmo tempo, aprender que é belo amadurecer nos sacrifícios, e assim trabalhar pela salvação dos outros.

V. Revma., Pe. Pennazza[37], mencionou corretamente o Concílio, que afirma que o matrimônio é um sacramento para a salvação dos outros: antes de tudo, a salvação do outro, do esposo, da esposa, mas também das crianças, dos filhos e filhas, e por fim de toda a comunidade. E assim, também o sacerdote amadurece ao encontrar-se.

Penso então que devemos envolver as famílias. As festas da família me parecem muito importantes. Por ocasião das festas, convém que se destaque a família, a beleza das famílias. Também os testemunhos — embora, talvez, demasiadamente na moda — podem em alguns casos ser realmente um anúncio, uma ajuda para todos nós.

---

37. Referindo-se ao sacerdote que fizera a pergunta.

Para concluir, considero como muito importante que na Carta de São Paulo aos Efésios[38], as núpcias de Deus com a humanidade através da encarnação do Senhor se realizem na Cruz, onde nasce a nova humanidade, a Igreja. O matrimônio cristão nasce precisamente nessas núpcias divinas. Ele é, como diz São Paulo, a concretização sacramental do que acontece nesse grande Mistério. Assim, devemos aprender sempre de novo esse vínculo entre a Cruz e a Ressurreição, entre a Cruz e a beleza da Redenção, e inserir-nos nesse Sacramento. Peçamos ao Senhor que nos ajude a anunciar bem esse Mistério, a viver esse Mistério, a aprender dos esposos como eles o vivem, a ajudar-nos a viver a Cruz, para que possamos chegar também aos momentos de alegria a de Ressurreição.

32.[39] Os jovens estão no centro de uma atenção mais decidida tanto da parte da nossa diocese como de toda a Igreja na Itália. As Jornadas Mundiais da Juventude mostraram isso: eles são muitos e são entusiastas. No entanto, em geral, as nossas paróquias não estão adequadamente preparadas para acolhê-los; as comunidades paroquiais e os agentes pastorais não estão suficientemente preparados para dialogar com eles; os sacerdotes envolvidos com as inúmeras responsabilidades não têm o tempo necessário para ouvi-los. Eles são lembrados quando se tornam um problema ou quando precisamos deles para animar uma celebração ou uma festa [...]. Como pode um sacerdote, hoje, expressar uma escolha preferencial pelos jovens, mesmo com uma agenda pastoral cheia? Como podemos servir aos jovens com base na escala de valores deles em vez de servir-nos deles para "as nossas coisas?"

Antes de tudo, eu gostaria de enfatizar o que o senhor disse. Por ocasião das Jornadas Mundiais da Juventude, e também em outras oportuni-

---

38. Efésios 5:21-33.
39. Pergunta feita pelo Pe. Gualtiero Isacchi, Diretor do Serviço Diocesano da Pastoral da Juventude.

dades — como recentemente, na Vigília de Pentecostes[40] — percebe-se um desejo na juventude, uma busca também de Deus. Os jovens querem ver se Deus existe e o que Ele nos diz. Constata-se, portanto, certa disponibilidade, apesar de todas as dificuldades de hoje. Existe também entusiasmo. Por isso, devemos fazer o possível para manter viva essa chama que se mostra em ocasiões como as Jornadas Mundiais da Juventude.

Como fazer isso? Essa é uma pergunta comum. Penso que é exatamente nesse contexto que deveríamos praticar uma "pastoral integrada", porque na realidade não todo pároco tem possibilidade de ocupar-se suficientemente da juventude. Por isso, ele tem necessidade de uma pastoral que transcenda os limites da paróquia e também os limites do trabalho do sacerdote; uma pastoral que também envolva muitos agentes pastorais.

Parece-me que, sob a coordenação do bispo, deva-se encontrar um modo, por um lado, de integrar os jovens na paróquia, para que sejam fermento da vida paroquial; e, por outro, de obter para esses jovens também a ajuda de agentes extraparoquiais. As duas ações devem andar juntas. É preciso sugerir aos jovens que não só na paróquia, mas em diversos contextos, devem integrar-se na vida da diocese, para depois se encontrarem também na paróquia. Portanto, é necessário favorecer todas as iniciativas que sigam nessa direção.

Considero a experiência do voluntariado muito importante nos dias de hoje. É fundamental não deixar os jovens à mercê das discotecas, mas que tenham compromissos nos quais se sintam necessários, onde percebam que podem fazer algo de bom. Sentindo esse impulso de fazer algo de bom pela humanidade, por alguém, por um grupo, os jovens se dão conta desse estímulo a comprometer-se e encontram também a "pista" para um compromisso, para uma ética cristã.

---

40. O Santo Padre está se referindo ao seu encontro com as comunidades eclesiais e os novos movimentos na Praça de São Pedro na Vigília de Pentecostes, no dia 3 de junho de 2006.

Parece-me muito importante que os jovens tenham realmente compromissos que mostrem que eles são necessários, que os guiem no caminho de um serviço positivo de ajuda inspirado pelo amor de Cristo aos homens, de modo que eles mesmos procurem as fontes das quais extrair força e compromisso.

Outra experiência são os grupos de oração, onde eles aprendem a ouvir a Palavra de Deus e a entrar em contato com Deus no seu próprio contexto juvenil. Isso significa também aprender a forma comum da oração, a liturgia, que talvez num primeiro momento pareça bastante inacessível para eles. Eles aprendem que a Palavra de Deus existe e nos procura, apesar de toda a distância dos tempos, que fala para nós hoje. Nós oferecemos ao Senhor o fruto da terra e do nosso trabalho e o encontramos transformado em dom de Deus. Falamos como filhos com o Pai e então recebemos o dom do próprio Senhor. Recebemos a missão de ir ao mundo com o dom da sua Presença.

Também seriam úteis escolas de liturgia de que os jovens pudessem participar. Além disso, são necessárias oportunidades em que os jovens possam mostrar-se e apresentar-se. Ouvi dizer que aqui em Albano foi feita uma representação da vida de São Francisco. Comprometer-se nesse sentido significa entrar na personalidade de São Francisco, no seu tempo, e assim expandir a própria personalidade. Esse é apenas um exemplo, algo aparentemente bastante singular. Pode ser uma lição para desenvolver a personalidade, para entrar num contexto de tradição cristã, para reavivar a sede de conhecer melhor as fontes hauridas por esse santo. Ele não era apenas um ambientalista ou um pacifista; era acima de tudo um homem convertido.

Li com grande prazer que o bispo de Assis, Dom Sorrentino, exatamente para corrigir esse "abuso" da figura de São Francisco, por ocasião do oitavo centenário da sua conversão, quer proclamar um "Ano de Conversão" para ver qual é o verdadeiro "desafio". Talvez todos nós possamos animar um pouco a juventude a compreender o que é a conversão, relacionando-nos também com a figura de São Francisco, para procurar um caminho que expanda a vida. Inicialmente,

Francisco era quase uma espécie de "playboy". Depois se deu conta que isso não era suficiente. Ele ouviu a voz do Senhor: "Reconstrói a minha Casa." Pouco a pouco, ele compreendeu o que significava "construir a Casa do Senhor".

Não tenho, então, respostas muito concretas, porque me encontro diante de uma missão onde os jovens já estão reunidos, graças a Deus. Mas parece-me que devemos usar todas as possibilidades que se oferecem hoje nos movimentos, nas associações, no voluntariado e em outras atividades juvenis. É preciso também apresentar a juventude à paróquia, para que esta veja quem são os jovens. É necessária uma pastoral vocacional. O todo deve ser coordenado pelo bispo. Parece-me que se encontram agentes pastorais através da mesma cooperação autêntica dos jovens que se formam. E assim, é possível abrir o caminho para a conversão, para a alegria de que Deus existe e se preocupa conosco, de que temos acesso a Deus e podemos ajudar outros a "reconstruir a sua Casa".

Parece-me, finalmente, que esta é a nossa missão, às vezes difícil, mas no fim das contas muito bonita: "Construir a Casa de Deus" no mundo de hoje.

Agradeço a vossa atenção e peço desculpas pelas minhas respostas fragmentadas. Colaboremos juntos para que a "Casa de Deus" cresça neste nosso tempo, para que muitos jovens encontrem o caminho do serviço ao Senhor.

V. Perguntas Feitas por Sacerdotes da Diocese de Roma
Parte 2

As perguntas a seguir foram feitas por sacerdotes da Diocese de Roma durante um encontro com o papa Bento XVI na Praça de São Pedro, em 22 de fevereiro de 2007.

As perguntas a seguir foram feitas por sacerdotes da
Diocese de Roma durante um encontro com o papa
Bento XVI na Praça de São Pedro, em 22 de fevereiro
de 2007.

33. A primeira pergunta foi dirigida ao papa por Mons. Pasquale Silla, Reitor do Santuário de Santa Maria do Divino Amor, em Castel di Leva, perto de Roma. Mons. Silla lembrou a visita de Bento XVI ao santuário em 1º de maio de 2006 e seu pedido à comunidade paroquial para que rezasse com fervor pelo Bispo de Roma, por seus colaboradores e por todo o clero e fiéis da diocese. Em resposta a esse pedido, a comunidade de Nossa Senhora do Divino Amor procurou aprimorar ao máximo a qualidade da oração em todas as suas formas, especialmente a litúrgica: um dos resultados desse compromisso é a Adoração Perpétua da Eucaristia, que iniciaria no Santuário no dia 25 de março de 2007. No campo da caridade, o Santuário está se empenhando em ampliar os seus horizontes, especialmente na área do bem-estar dos menores, das famílias e dos idosos. Nessa perspectiva, Mons. Silla pediu a Bento XVI orientações práticas para realizar a missão do Santuário mariano na diocese com eficácia sempre maior.

Em primeiro lugar, eu gostaria de dizer que estou muito contente e feliz de sentir-me aqui realmente bispo de uma grande diocese. O Cardeal Vigário disse que esperais luz e conforto. E eu devo dizer que ver tantos sacerdotes de todas as gerações é luz e conforto para mim. Já com a primeira pergunta, eu também, e principalmente, aprendi: e esse também me parece um elemento essencial do nosso encontro. Aqui posso sentir a voz viva e concreta dos párocos, as suas experiências pastorais, e assim tenho condições, acima de tudo, de conhecer a vossa situação concreta, as perguntas que tendes, as experiências que fazeis, as vossas dificuldades. Dessa forma, posso vivê-las não só de modo abstrato, mas num diálogo autêntico com a vida real das paróquias.

Abordo a primeira pergunta. Parece-me que, basicamente, o senhor ofereceu também a resposta quanto ao que este Santuário pode fazer... Sei que é o Santuário mariano mais amado pelos romanos. Durante as várias visitas que fiz ao santuário antigo, eu também senti essa devoção

91

secular. Podemos experimentar os efeitos da oração de gerações e sentir quase palpavelmente a presença materna de Nossa Senhora.

No encontro com Maria, é possível realmente viver um encontro com a devoção mariana dos séculos, com os desejos, as necessidades, os sofrimentos e as alegrias de gerações. Assim, este Santuário, visitado pelas pessoas com suas esperanças, dúvidas, pedidos e sofrimentos, é um fator essencial para a Diocese de Roma.

Vemos cada vez mais que os santuários são uma fonte de vida e de fé na Igreja universal — e assim também na Igreja de Roma. Na minha terra, realizei inúmeras peregrinações a pé ao nosso santuário nacional de Altötting. É uma grande missão popular.

Para lá dirigem-se principalmente jovens. Peregrinando a pé durante três dias, eles vivem na atmosfera da oração, do exame de consciência, quase redescobrem a sua consciência cristã de fé. Esses três dias de peregrinação a pé são dias de confissão e de oração, são uma verdadeira jornada ao encontro de Nossa Senhora, da família de Deus e também da Eucaristia.

Os peregrinos dirigem-se a pé a Nossa Senhora, e com Nossa Senhora, ao Senhor, ao encontro eucarístico, preparando-se com a confissão para a renovação interior. Vivem novamente a realidade eucarística do Senhor que dá a si mesmo, assim como Nossa Senhora deu a própria carne ao Senhor, abrindo assim a porta à Encarnação.

Nossa Senhora deu sua carne para a Encarnação e assim tornou possível a Eucaristia, na qual recebemos a Carne que é Pão para o mundo. Indo ao encontro com Nossa Senhora, os jovens mesmos aprendem a oferecer a própria carne, a vida de cada dia para que seja entregue ao Senhor. E aprendem a crer, e pouco a pouco dizer "Sim" ao Senhor.

Por isso, voltando à pergunta, eu diria que o Santuário como tal, como lugar de oração, de confissão, de celebração da Eucaristia, é um grande serviço, na Igreja de hoje, para a diocese de Roma. Por isso penso que o serviço essencial, do qual o senhor, aliás, falou em termos práticos, é exatamente o de oferecer-se como lugar de oração, de vida sacramental e de vida de caridade praticada.

Se entendi corretamente, o senhor falou de quatro dimensões da oração. A primeira é a dimensão pessoal. E aqui Maria nos mostra o caminho. São Lucas diz duas vezes que a Virgem "conservava cuidadosamente todos esses acontecimentos e os meditava em seu coração" (Lc 2:19; cf. Lc 2:51). Ela era uma pessoa em diálogo com Deus, com a Palavra de Deus, e também com os acontecimentos por meio dos quais Deus falava com ela.

O *Magnificat*[41] é um "tecido" feito de palavras da Sagrada Escritura e nos mostra como Maria vivia num diálogo permanente com a Palavra de Deus e, assim, com o próprio Deus. Naturalmente, então, na vida com o Senhor, ela estava sempre em diálogo com Cristo, com o Filho de Deus e com o Deus uno e trino. Portanto, aprendamos de Maria a falar pessoalmente com o Senhor, ponderando e conservando as palavras de Deus na nossa vida e no nosso coração, para que se tornem alimento verdadeiro para cada um de nós. Assim Maria nos guia numa escola de oração, num contato pessoal e profundo com Deus.

A segunda dimensão de que o senhor falou é a oração litúrgica. Na liturgia, o Senhor nos ensina a rezar, primeiro dando-nos a sua Palavra, depois introduzindo-nos por meio da Oração Eucarística na comunhão com o seu mistério de vida, Cruz e Ressurreição.

São Paulo disse que "não sabemos o que pedir como convém" (Rm 8:26): não sabemos como rezar, o que pedir a Deus. Por isso Deus nos deu as palavras da oração, seja nos Salmos, seja nas grandes orações da liturgia sagrada, seja na própria Liturgia Eucarística. Aqui ele nos ensina a rezar.

---

41. Lucas 1:46-56, Cântico de Maria rezado todas as noites na oração vespertina. "Magnificat" é a primeira palavra do primeiro versículo em latim, *Magnificat anima mea Dominum*, "Minha alma engrandece o Senhor."

Entramos na oração que se formou ao longo dos séculos sob inspiração do Espírito Santo e nos unimos ao diálogo de Cristo com o Pai. Por isso a liturgia é, acima de tudo, oração: primeiro ouvir, depois responder, tanto no salmo responsorial como na oração da Igreja e na grande Oração Eucarística. Nós a celebramos bem se a celebramos em atitude "orante", unindo-nos ao mistério de Cristo e ao seu diálogo de Filho com o Pai.

Celebrando a Eucaristia desse modo, primeiro ouvindo e depois respondendo, isto é, como oração, usando as palavras indicadas pelo Espírito Santo, então a celebramos bem. E por meio da nossa oração comum as pessoas se sentem atraídas às fileiras dos filhos de Deus.

A terceira dimensão é a da piedade popular. Um documento importante da Congregação para o Culto Divino e a Disciplina dos Sacramentos[42] fala dessa piedade popular e nos indica como "guiá-la". A piedade popular é uma das nossas forças porque consiste de orações profundamente arraigadas no coração das pessoas. Essa oração toca inclusive o coração das pessoas que estão um pouco distantes da vida da Igreja e não têm grande compreensão da fé.

Tudo o que se precisa fazer é "iluminar" essas ações, "purificar" essa tradição para que se torne parte da vida atual da Igreja.

Em seguida, a Adoração Eucarística. Sou muito agradecido porque a Adoração Eucarística se renova cada vez mais. Durante o Sínodo sobre a Eucaristia, os bispos falaram muito sobre suas experiências, de como essa adoração, também a noturna, infunde nova vida nas comunidades, e de como exatamente assim surgem também novas vocações.

---

42. *Diretório sobre Piedade Popular e Liturgia: Princípios e Orientações*, Congregação para o Culto Divino e a Disciplina dos Sacramentos, Vaticano, dezembro de 2001.

Posso dizer que em breve assinarei a Exortação Apostólica Pós-Sinodal sobre a Eucaristia[43], que depois estará à disposição da Igreja. É um documento oferecido precisamente para meditação. Ele ajudará tanto a celebração litúrgica, como a reflexão pessoal, a preparação das homilias e a celebração da Eucaristia. E servirá também para guiar, iluminar e revitalizar a piedade popular.

Por fim, o senhor nos falou do Santuário como lugar de *caritas*.[44] Penso que isto é muito lógico e necessário. Pouco tempo atrás, reli o que Santo Agostinho diz no Livro X das *Confissões*:

"Fui tentado, e agora compreendo que era uma tentação de fechar-me na vida contemplativa, de procurar a solidão contigo, Senhor; mas tu me impediste, me puxaste para fora e me fizeste ouvir a palavra de São Paulo: 'Cristo morreu por todos nós. Assim, devemos morrer com Cristo e viver para todos.' Compreendi que não posso fechar-me na contemplação; morreste por todos, portanto, devo, contigo, viver para todos e assim viver as obras da caridade. A verdadeira contemplação demonstra-se nas obras da caridade. Portanto, o sinal que rezamos verdadeiramente, que tivemos o encontro com Cristo, é que vivamos 'para os outros.'"

É assim que deve ser um pároco. E Santo Agostinho era um grande pároco. Ele diz:

"Na minha vida, eu sempre queria viver ouvindo a Palavra, em meditação, mas agora devo — dia após dia, hora após hora — estar à porta, onde sempre toca a campainha, devo consolar

---

43. O Santo Padre assinou a Exortação Apostólica Pós-Sinodal *Sacramentum Caritatis*, "Sobre a Eucaristia como Fonte e Ápice da Vida e da Missão da Igreja", em 22 de fevereiro de 2007.

44. Literalmente, "amor" ou "caridade".

os aflitos, ajudar os pobres, admoestar os que são agressivos, criar a paz, e assim por diante."

Santo Agostinho relaciona todas as atividades de um pároco, porque naquele tempo o bispo era também aquele que é hoje o Qadi[45] nos países islâmicos. Para os problemas do direito civil, digamos, ele era o juiz de paz: devia promover a paz entre os litigantes. Agostinho, portanto, viveu uma vida que para ele, homem contemplativo, foi muito difícil. Mas ele compreendeu esta verdade: Assim estou com Cristo; vivendo "para os outros", estou no Senhor crucificado e ressuscitado.

Creio que este é um grande consolo para párocos e bispos. Se resta pouco tempo para a contemplação, sendo "para os outros", estamos com o Senhor.

O senhor falou de outros elementos concretos da caridade que são muito importantes. São também um sinal para a nossa sociedade, em especial para as crianças, para os idosos e para os que sofrem. Portanto, creio que com essas quatro dimensões da vida, o senhor nos deu a resposta à sua própria pergunta: O que devemos fazer no nosso Santuário?

34. Pe. Maurizio Secondo Mirilli, vigário da paróquia de Santa Bernadete Soubirous e diretor da Pastoral da Juventude da Diocese, ressaltou a responsabilidade que recai sobre os sacerdotes na sua missão de formar as novas gerações na fé. Pe. Maurizio pediu ao papa uma palavra de orientação sobre o modo de transmitir aos jovens a alegria da fé cristã, principalmente diante dos desafios culturais modernos, e solicitou-lhe também que indicasse os temas prioritários sobre os quais concentrar-se para ajudar jovens de ambos os sexos a encontrar Cristo na prática.

---

45. Um juiz muçulmano que governa de acordo com leis religiosas.

Agradeço-lhe o trabalho que desenvolve junto aos adolescentes. Sabemos que a juventude deve ser realmente uma prioridade da nossa ação pastoral porque ela vive num mundo distante de Deus. E no nosso contexto cultural é muito difícil encontrar Cristo, a vida cristã e a vida da fé.

Os jovens precisam de muito acompanhamento para realmente encontrarem esse caminho. Eu diria — mesmo vivendo bastante afastado deles e, portanto, não tendo condições de oferecer indicações muito concretas — que o primeiro elemento é, precisamente e acima de tudo, o acompanhamento. Eles precisam compreender que se pode viver a fé neste nosso tempo, que não se trata de algo obsoleto, mas que é possível viver hoje como cristãos e assim encontrar realmente o bem.

Lembro-me de um detalhe autobiográfico nas obras de São Cipriano:

> "Vivi neste nosso mundo totalmente afastado de Deus porque as divindades estavam mortas e Deus não era visível. Vendo os cristãos, pensei: É uma vida impossível, não se pode fazer isto no nosso mundo! Mas depois, encontrando alguns, reunindo-me na sua companhia, deixando-me guiar no catecumenato, nesse caminho de conversão a Deus, aos poucos compreendi: É possível! E agora estou feliz por ter encontrado a vida. Compreendi que aquela outra não era vida, e na verdade, antes mesmo, eu sabia que aquela não era a verdadeira vida."

Parece-me muito importante que os jovens encontrem pessoas — tanto da idade deles como mais maduras — nas quais possam ver que a vida cristã hoje é possível e também razoável e exequível. Creio que existem dúvidas sobre estes dois últimos elementos: sobre a exequibilidade, porque os outros caminhos estão muito longe do modo de viver cristão, e sobre a razoabilidade, porque à primeira vista parece que a ciência nos diz coisas totalmente diferentes, e que, portanto, não é possível abrir uma rota razoável em direção à fé de modo a mostrar que ela é algo que está em sintonia com o nosso tempo e com a razão.

O primeiro ponto, portanto, é a experiência, que também abre a porta ao conhecimento. Neste sentido, o "catecumenato" vivido de modo novo — isto é, como caminho comum de vida, como experiência comum do fato de que é possível viver assim — é de suma importância.

Somente com certa experiência é que se pode também compreender. Lembro-me de um conselho que Pascal dava a um amigo descrente. Dizia-lhe: "Procura fazer o que um crente faz; com essa experiência, verás que tudo isso é lógico e verdadeiro."

Eu diria que um aspecto importante nos é mostrado exatamente neste tempo da Quaresma. Não podemos pensar em viver imediatamente uma vida cristã cem por cento, sem dúvidas e sem pecados. Precisamos reconhecer que estamos a caminho, que devemos e podemos aprender, que devemos também converter-nos aos poucos. Certo, a conversão fundamental é um ato definitivo. Mas a verdadeira conversão é um ato de vida que se realiza na paciência de uma vida inteira. É um ato no qual não devemos perder a confiança e a coragem no caminho.

Precisamos reconhecer exatamente isto: não podemos tornar-nos cristãos perfeitos de um momento para o outro. No entanto, vale a pena prosseguir, acreditar na opção fundamental, por assim dizer, e depois permanecer com perseverança num processo de conversão que às vezes se torna difícil.

Com efeito, pode acontecer que eu me sinta desanimado, querendo deixar tudo e resignar-me num estado de crise. Não devemos deixar-nos abater, mas sim recomeçar sempre com coragem. O Senhor me guia, o Senhor é generoso e com o seu perdão vou em frente, tornando-me eu também generoso com os outros. Assim aprendemos realmente o amor ao próximo e à vida cristã, que implica esta perseverança no prosseguir.

Quanto aos grandes temas, eu diria que é importante conhecer a Deus. O tema "Deus" é essencial. São Paulo diz na Carta aos Efésios: "Lembrai-vos de que naquele tempo estáveis [...] sem esperança e sem Deus. Mas agora, em Cristo Jesus, vós, que outrora estáveis longe, fostes trazidos para perto" (Ef 2:12-3). Assim, a vida tem um sentido que me guia também nas dificuldades.

É necessário, portanto, retornar ao Deus Criador, ao Deus que é a razão criadora, e então encontrar Cristo, que é a Face viva de Deus. Digamos que existe aqui uma reciprocidade. De um lado, o encontro com Jesus, com esta figura humana, histórica, real; aos poucos ele me ajuda a conhecer Deus; de outro, conhecer Deus me ajuda a compreender a grandeza do mistério de Cristo, que é a Face de Deus.

Compreendendo que Jesus não é um grande profeta ou uma das personalidades religiosas do mundo, mas sim a Face de Deus, que é Deus, descobriremos a grandeza de Cristo e quem é Deus. Deus não é somente uma sombra distante, a "Causa primeira", mas tem uma Face: Ele é a Face da misericórdia, a Face do perdão e do amor, a Face do encontro conosco. Portanto, esses dois temas entrelaçam-se e devem andar sempre juntos.

Então, naturalmente, devemos compreender que a Igreja é a grande companheira no caminho que percorremos. Nela a Palavra de Deus permanece viva e Cristo não é só uma figura do passado, mas é presente. Assim, devemos redescobrir a vida sacramental, o perdão sacramental, a Eucaristia, o Batismo como novo nascimento.

Na Vigília Pascal, na sua última catequese mistagógica, Santo Ambrósio disse: "Até agora falamos de assuntos morais; chegou o momento de falar do Mistério." Depois de orientar para a experiência moral, naturalmente à luz de Deus, ele se abre ao Mistério. Penso que hoje essas duas coisas devem interpenetrar-se: um caminho com Jesus que revela sempre mais a profundeza do seu Mistério. Assim aprendemos a viver como cristãos, aprendemos a importância do perdão e a grandeza do Senhor que se doa a nós na Eucaristia. Naturalmente, nesse caminho, os santos nos acompanham. Apesar dos seus muitos problemas, eles viveram e foram as "interpretações" verdadeiras e vivas da Sagrada Escritura. Cada pessoa tem o seu santo, do qual pode melhor aprender o que significa viver como cristão. São especialmente os santos do nosso tempo. E, naturalmente, há sempre Maria, que permanece a Mãe da Palavra. Redescobrir Maria nos ajuda a prosseguir como cristãos e a conhecer o Filho.

35. **Padre Franco Incampo, Reitor da igreja de Santa Lúcia do Gonfalone, apresentou a experiência da leitura integral da Bíblia que está sendo feita por sua comunidade junto com a Igreja Valdense: "Propusemo-nos a ouvir a Palavra. É um projeto amplo. Qual é o valor da Palavra na comunidade eclesial? Por que conhecemos tão pouco a Bíblia? Como promover o conhecimento da Bíblia para que a Palavra leve a comunidade a percorrer também um caminho ecumênico?"**

O senhor certamente tem uma experiência mais concreta de como fazer isso. Em primeiro lugar, posso dizer que em breve celebraremos o Sínodo sobre a Palavra de Deus.[46] Já pude ver os "*lineamenta*"[47] elaborados pelo Conselho do Sínodo e creio que as diversas dimensões da presença da Palavra na Igreja estão ali bem expressas.

Na sua totalidade, a Bíblia é muito extensa, naturalmente, e deve ser descoberta aos poucos. Considerando algumas partes apenas em si mesmas, muitas vezes é difícil compreender que se trata da Palavra de Deus: estou pensando em certas seções dos Livros dos Reis e

---

46. O Sínodo foi realizado no Vaticano no período de 5 a 26 de outubro de 2008.
47. Palavra latina para "traços" ou "esboços". O termo passou a designar o rascunho, a minuta, a pauta dos assuntos de uma reunião enviada previamente aos participantes.

dos Livros das Crônicas e seus relatos em ordem cronológica, com o extermínio dos povos existentes na Terra Santa. Muitas outras coisas são difíceis.

O próprio Coélet[48] pode ser isolado do contexto e assim oferecer enormes dificuldades: Ele parece teorizar sobre o desespero, porque nada permanece, e no fim também o sábio morre, do mesmo modo que o estulto.[49]

Um primeiro ponto consiste exatamente em ler a Sagrada Escritura na sua unidade e integridade. As partes individuais são etapas num caminho e só podemos compreendê-las considerando-as na sua totalidade, como um caminho único em que uma seção explica outra.

Fiquemos, por exemplo, com Coélet. Primeiro, havia a palavra da sabedoria, segundo a qual quem é bom também vive bem: isto é, Deus recompensa quem é bom. Depois vem Jó e se vê que não é assim e que exatamente o justo é quem mais sofre. Parece que Jó foi esquecido por Deus.

Então vêm os Salmos daquele período onde se diz: Mas o que Deus faz? Os ateus e os soberbos vivem bem, são gordos e bem nutridos, riem de nós e dizem: Onde está Deus? Ele não se interessa por nós, e nós fomos vendidos como ovelhas para o abate. O que fazes conosco, por que é assim?

Chega o momento em que Coélet pergunta: Mas, afinal, para que serve toda essa sabedoria? É um livro quase existencialista, em que se afirma: "Tudo é vazio." Este primeiro caminho não perde o seu valor, mas abre-se à nova perspectiva que, no fim, leva à cruz de Cristo, "o Santo de Deus", como diz São Pedro no capítulo 6 do Evangelho de João. (cf. Jo 6:69). Ele termina com a Cruz. E bem assim demonstra-se a sabedoria de Deus, que São Paulo descreverá mais tarde.

---

48. Hebraico para "o Pregador" no Livro do Eclesiastes.
49. O Santo Padre acrescentou aqui um comentário ao clero presente, "Tivemos hoje a leitura de Coélet no Breviário."

Por isso, só considerando tudo como um único caminho, passo a passo, e aprendendo a ler a Escritura na sua unidade, é que podemos também realmente ter acesso à beleza e à riqueza da Sagrada Escritura.

Ler tudo, portanto, mas ter sempre presente a totalidade da Sagrada Escritura, onde uma parte explica outra, um passo do caminho explica outro. Sobre este ponto, a exegese moderna também pode ajudar muito.

Tomemos, por exemplo, o Livro de Isaías. Quando os exegetas descobriram que do capítulo 40 em diante o autor é outro — o Dêutero-Isaías, como foi chamado — a teologia católica passou por um momento de grande pânico.

Alguns pensaram que assim Isaías desmoronava e no fim, no capítulo 53, a visão do Servo de Deus não era mais do Isaías que havia vivido quase 800 anos antes de Cristo. O que faremos, eles se perguntaram?

Hoje compreendemos que todo o Livro é um caminho de constantes novas releituras, em que penetramos sempre mais profundamente no mistério proposto no início e que tudo aquilo que estava inicialmente presente, mas ainda fechado, se desvela cada vez mais. Num único livro, podemos compreender todo o caminho da Sagrada Escritura, que é um reler permanente, uma nova e melhor compreensão de tudo o que foi dito anteriormente.

Passo a passo, a luz se acende e o cristão pode compreender tudo o que o Senhor disse aos discípulos de Emaús, explicando-lhes que era a respeito dele que todos os profetas haviam falado. O Senhor nos abre a última releitura, Cristo é a chave de tudo e somente reunindo-se aos discípulos no caminho de Emaús, somente caminhando com Cristo, relendo tudo à sua luz, com Ele crucificado e ressuscitado, é que entramos na riqueza e na beleza da Sagrada Escritura.

Por isso, eu diria que o ponto importante é não fragmentar a Sagrada Escritura. A própria crítica moderna, como vemos agora, nos fez compreender que é um caminho permanente. E podemos também ver que é um caminho que tem uma direção e que Cristo realmente é o ponto de chegada. Começando em Cristo, podemos retomar todo o caminho e entrar nas profundezas da Palavra.

Resumindo, eu diria que a leitura da Sagrada Escritura deve ser sempre uma leitura à luz de Cristo. Só assim podemos ler e compreender a Sagrada Escritura também no nosso contexto atual e dela realmente receber a luz. Devemos compreender isto: a Sagrada Escritura é um caminho com uma direção. Quem conhece o destino pode também refazer todos os passos novamente e aprender assim mais profundamente o mistério de Cristo.

Compreendendo isto, compreendemos também a eclesialidade da Sagrada Escritura, porque esses caminhos, esses passos no caminho, são passos de um povo. É o povo de Deus que avança. O verdadeiro proprietário da Palavra é sempre o povo de Deus, guiado pelo Espírito Santo, e a inspiração é um processo complexo: o Espírito Santo conduz o povo adiante, o povo recebe.

Portanto, é o caminho de um povo, do povo de Deus. A Sagrada Escritura deve ser sempre lida bem. Mas isso só pode acontecer se caminhamos no interior desse sujeito que é o povo de Deus que vive, renova-se, é reconstituído por Cristo, mas preserva sempre a sua identidade.

Eu diria, por conseguinte, que há três dimensões inter-relacionadas. A dimensão histórica, a dimensão cristológica e a dimensão eclesiológica — do povo no caminho — se interpenetram. Uma leitura completa é aquela em que as três dimensões estão presentes. Por isso a liturgia — a leitura comum, orante, do povo de Deus — permanece o lugar privilegiado para a compreensão da Palavra, também porque precisamente aqui a leitura se torna oração e se une com a oração de Cristo na Oração Eucarística.

Eu ainda gostaria de acrescentar um ponto que todos os Padres da Igreja destacaram. Estou pensando especialmente num belíssimo texto de Santo Efrém e em outro de Santo Agostinho, onde ele diz:

"Se compreendeste pouco, aceita, e não penses ter compreendido tudo. A Palavra é sempre muito maior de tudo o que pudeste compreender."

E isso deve ser dito agora, de modo crítico, com relação a certa parte da exegese moderna que pensa ter compreendido tudo e que por isso, depois da interpretação por ela elaborada, não resta mais nada a ser dito. Isso não é verdade. A Palavra é sempre maior do que a exegese dos Padres e da exegese crítica, porque também esta compreende só uma parte, na verdade, uma parte mínima, eu diria. A Palavra é sempre maior; esse é o nosso grande consolo. E de um lado é bom saber que se compreendeu apenas um pouco. É bom saber que existe ainda um tesouro inexaurível e que cada nova geração redescobrirá novos tesouros e prosseguirá com a nova grandeza da Palavra de Deus, que está sempre adiante de nós, nos guia e é sempre maior. É com esta consciência que devemos ler as Escrituras.

Santo Agostinho disse: A lebre e o asno bebem da fonte. O asno bebe mais, mas cada um bebe conforme a sua capacidade. Quer sejamos lebres ou asnos, sejamos agradecidos pelo fato de o Senhor nos possibilitar beber da sua água.

---

36. *O Padre Gerardo Raul Carcar, pertencente à Comunidade dos Padres de Schönstatt, chegou em Roma há seis meses, vindo da Argentina, e atualmente é coadjutor da paróquia de San Girolamo em Corviale. Segundo suas palavras, os movimentos eclesiais e as novas comunidades são um dom providencial para os nossos tempos. São entidades com um ímpeto criativo, vivem a fé e procuram novas formas de vida para encontrar uma posição missionária correta na Igreja. Pe. Carcar pediu ao papa uma orientação sobre como esses movimentos devem inserir-se para desenvolver realmente um ministério de unidade na Igreja universal.*

Assim, vejo que devo ser mais breve. Agradeço a sua pergunta. Parece-me que o senhor citou as fontes essenciais de tudo o que posso dizer sobre os movimentos. Nesse sentido, a sua pergunta é também uma resposta.

Eu gostaria de esclarecer que neste período do ano estou recebendo os bispos italianos em suas visitas *ad limina* e assim posso aprender um pouco mais sobre a geografia da fé na Itália. Vejo muitas coisas belas junto com os problemas que todos conhecemos.

Vejo principalmente que a fé continua profundamente arraigada no coração italiano, ainda que, naturalmente, seja ameaçada de muitos modos pelas situações de hoje.

Os movimentos também aceitam bem a minha função paterna de Pastor. Outros são mais críticos e dizem que os movimentos estão deslocados. Penso que as situações são realmente diferentes e que tudo depende das pessoas envolvidas.

Parece-me que temos duas regras fundamentais mencionadas pelo senhor. A primeira nos foi dada por São Paulo na Primeira Carta aos Tessalonicenses: não extinguir os carismas. Se o Senhor nos dá novos dons, devemos ser agradecidos, mesmo que às vezes sejam incômodos. E é bonito ver que, não por iniciativa da hierarquia, mas por iniciativa de baixo, como se diz, que é também, verdadeiramente, uma iniciativa do Alto, isto é, como dom do Espírito Santo, surgem novas formas de vida na Igreja, como aliás surgiram no decorrer de todos os séculos.

Inicialmente elas eram sempre incômodas. Também São Francisco era muito incômodo, e era muito difícil para o papa dar, finalmente, uma forma canônica a uma realidade que era muito maior que as normas legais. Para São Francisco era um enorme sacrifício enquadrar-se nesse arcabouço jurídico, mas no fim isso deu origem a uma realidade que vive ainda hoje e que viverá no futuro: ela fortalece e dá novos elementos à vida da Igreja.

Quero dizer apenas isto: movimentos nasceram em todos os séculos. Também São Bento era, inicialmente, um movimento. Eles não se inserem na vida da Igreja sem sofrimento, sem dificuldades. O próprio São Bento precisou corrigir a direção inicial do monasticismo. Assim, também no nosso século, o Senhor, o Espírito Santo, nos deu novas iniciativas com novos aspectos da vida cristã. Como são vividos por pessoas humanas com suas limitações, eles também criam dificuldades.

A primeira regra, portanto, é: não extinguir os carismas; sermos agradecidos, mesmo que sejam incômodos.

A segunda regra é esta: A Igreja é uma só; se os movimentos são realmente dons do Espírito Santo, eles pertencem e servem à Igreja, e no diálogo paciente entre pastores e movimentos nasce uma forma fecunda em que esses elementos se tornam edificantes para a Igreja do presente e do futuro.

Esse diálogo realiza-se em todos os níveis. Começando com o pároco, com o bispo e com o sucessor de Pedro, a busca de estruturas apropriadas está em andamento: em muitos casos, ela já deu seus frutos. Em outros, estamos ainda estudando.

Por exemplo, perguntamo-nos se, depois de cinco anos de experiência, é possível confirmar de modo definitivo os Estatutos para o Caminho Neocatecumenal, ou se ainda é necessário um período mais longo de testes, ou se, talvez, alguns elementos dessa estrutura precisem ser aprimorados.

Em todo caso, conheci os Neocatecumenais desde o início. Foi um Caminho longo, com muitas complicações que ainda persistem, mas encontramos uma forma eclesial que já melhorou muito a relação entre o Pastor e o "Caminho". E assim vamos em frente! A mesma coisa pode ser dita a respeito de outros movimentos.

Agora, como síntese das duas regras fundamentais, eu diria: gratidão, paciência e aceitação também dos sofrimentos que são inevitáveis. Também num matrimônio sempre existem sofrimentos e tensões. No entanto, os casais vão adiante e assim o verdadeiro amor amadurece. O mesmo se aplica às comunidades da Igreja: tenhamos paciência juntos.

Também os diversos níveis da hierarquia — do pároco, ao bispo, ao Sumo Pontífice — devem manter um contínuo intercâmbio de ideias, devem promover o diálogo para encontrar juntos o melhor caminho. As experiências dos párocos são fundamentais, mas também as experiências do bispo e, digamos, a perspectiva universal do papa têm um lugar teológico e pastoral próprio na Igreja.

Portanto, por um lado, este conjunto de diferentes níveis da hierarquia e, por outro, o conjunto vivido nas paróquias, com paciência e abertura, em obediência ao Senhor, criam realmente a nova vitalidade da Igreja.

Sejamos agradecidos ao Espírito Santo pelos dons que nos deu. Sejamos obedientes à voz do Espírito, mas sejamos também claros na integração desses elementos na vida: no fim, este critério favorece à Igreja concreta e assim, com paciência, com coragem e com generosidade certamente o Senhor nos guiará e ajudará.

37. O Pe. Angelo Mangano, pároco de San Gelasio, paróquia confiada aos cuidados pastorais da Comunidade "Missão Igreja-Mundo" desde 2003, falou sobre a ação pastoral na festa da Cátedra de São Pedro. Ele mostrou a importância de se desenvolver a unidade entre a vida espiritual e a vida pastoral, que não é uma técnica organizacional, mas coincide com a própria vida da Igreja. Pe. Mangano perguntou ao Santo Padre como difundir entre o Povo de Deus o conceito de pastoral como verdadeira vida da Igreja e o que fazer para que a ação pastoral se alimente sempre mais da eclesiologia conciliar.

São várias as perguntas aqui, tenho a impressão. Uma delas é: Como podemos inspirar a paróquia com a eclesiologia conciliar e fazer com que os fiéis vivam essa eclesiologia? A outra é: Como nós mesmos devemos agir e espiritualizar o trabalho pastoral dentro de nós?

Comecemos com esta última pergunta. Há sempre uma certa tensão entre o que devo absolutamente fazer e as reservas espirituais que devo ter. Sempre vejo essa tensão em Santo Agostinho, que se queixa disso em seus sermões. Eu já o citei: "Eu gostaria muito de viver com a Palavra de Deus, mas devo da manhã à noite estar com vocês." Agostinho, no entanto, encontra esse equilíbrio, estando sempre à disposição, mas também reservando-se momentos de oração, de meditação sobre a Palavra Sagrada, pois de outro modo ele não conseguiria dizer nada.

Aqui de modo particular, eu gostaria de ressaltar o que o senhor disse sobre o fato de que a pastoral jamais deveria ser uma simples estratégia, uma atividade administrativa, mas deve ser sempre uma tarefa espiritual. Sem dúvida, também a primeira não pode faltar totalmente, porque estamos nesta terra e esses problemas existem: como administrar bem o dinheiro, etc. Também esse é um setor que não pode ser totalmente ignorado.

A ênfase fundamental, porém, deve recair sobre o fato de que ser pastor é em si mesmo um ato espiritual. O senhor citou justamente o Evangelho de João, capítulo 10, onde o Senhor se define como o "Bom Pastor". E como primeiro momento definitivo, Jesus diz que o pastor caminha à frente das ovelhas. Em outras palavras, ele mostra o caminho, faz por primeiro o que os outros devem fazer, toma por primeiro a estrada que é a estrada para os outros. O pastor vai na frente.

Isso significa que ele próprio vive antes de mais nada a Palavra de Deus: é um homem de oração, um homem de perdão, um homem que recebe e celebra os sacramentos como atos de oração e de encontro com o Senhor. Ele é um homem de caridade, vivida e praticada — assim, todos os atos simples de diálogo, de encontro, de tudo que precisa ser feito, tornam-se atos espirituais em comunhão com Cristo. O seu "*pro omnibus*" torna-se o nosso "*pro meis*".[50]

---

50. Literalmente, "por todos" e "por mim". A ideia é que o sacerdote internaliza profundamente como algo totalmente seu tudo o que faz como "outro Cristo" a serviço do seu povo.

Então, o pastor precede, e me parece que ao dizer "preceder", Jesus já disse o essencial. O capítulo 10 de João continua depois dizendo que Jesus nos precede entregando-se a si mesmo na Cruz. E isso é também inevitável para o sacerdote. Esse oferecer a si mesmo é também uma participação na Cruz de Cristo e é graças a isso que nós podemos também de modo confiável consolar os que sofrem, estar com os pobres, com os marginalizados, e assim por diante.

Portanto, nesse programa que o senhor desenvolveu, é fundamental espiritualizar o trabalho cotidiano da pastoral. Isso é mais fácil de dizer do que de fazer, mas devemos sempre tentar.

E para poder espiritualizar o nosso trabalho, de novo devemos seguir o Senhor. Os Evangelhos nos dizem que de dia Ele trabalhava e de noite recolhia-se no monte para estar com o Pai e rezar. Neste ponto, devo confessar a minha fraqueza. Não consigo rezar à noite; à noite, quero dormir. Entretanto, um pouco de tempo livre para o Senhor é realmente necessário: seja a celebração da Missa, seja a oração da Liturgia das Horas e a meditação diária, mesmo que breve; e depois da Liturgia, o rosário. Mas esse diálogo pessoal com a Palavra de Deus é importante. Só assim podemos ter as reservas para atender às exigências da vida pastoral.

Segundo ponto: O senhor sublinhou corretamente a eclesiologia do Concílio.[51] Penso que devemos interiorizar muito mais essa eclesiologia, tanto a da *Lumen gentium*[52] como a da *Ad gentes*[53], que também é um documento eclesiológico, e ainda a eclesiologia dos documentos menores, sem esquecer a da *Dei Verbum*.[54]

Interiorizando essa visão, podemos também atrair a ela o nosso povo, para que compreenda que a Igreja não é simplesmente uma grande estrutura, uma dessas entidades supranacionais que existem.

---

51. O Concílio Vaticano II.
52. Constituição Dogmática sobre a Igreja, Concílio Vaticano II.
53. Decreto sobre a Atividade Missionária da Igreja, Concílio Vaticano II.
54. Constituição Dogmática sobre a Revelação Divina, Concílio Vaticano II.

A Igreja, embora sendo corpo, é o Corpo de Cristo, e portanto um corpo espiritual, como diz São Paulo. É uma realidade espiritual. Isto me parece muito importante: que as pessoas vejam que a Igreja não é uma organização supranacional, um corpo administrativo ou de poder, uma agência social; embora realize um trabalho social e supranacional, a Igreja é um corpo espiritual.

Ao rezar com o povo, ao ouvir com ele a Palavra de Deus, ao celebrar com ele os sacramentos, ao agir com Cristo na caridade, etc., e especialmente nas homilias, devemos disseminar essa visão. Nesse sentido, parece-me que a homilia permanece como uma oportunidade maravilhosa para estar perto das pessoas e para comunicar a espiritualidade ensinada pelo Concílio. E assim me parece que se a homilia brota da oração, do ouvir a Palavra de Deus, ela é comunicação do conteúdo da Palavra de Deus.

O Concílio realmente chega ao nosso povo. Não aqueles fragmentos na imprensa que passaram uma imagem errônea do Concílio, mas a verdadeira realidade espiritual do Concílio. E assim devemos sempre de novo aprender a Palavra de Deus, com o Concílio e no espírito do Concílio, interiorizando a sua visão. Assim fazendo, podemos também comunicar-nos com o nosso povo e dessa forma efetivamente realizar um trabalho pastoral e espiritual.

38. Pe. Alberto Pacini, Reitor da Basílica de Santa Anastásia, falou da Adoração Eucarística perpétua — especialmente da possibilidade de organizar vigílias noturnas — e pediu ao papa que explicasse o sentido e o valor da reparação eucarística diante dos furtos sacrílegos e das seitas satânicas.

Em geral, não falamos mais da Adoração Eucarística, que verdadeiramente penetrou nos nossos corações e penetra no coração do povo. O senhor fez essa pergunta específica sobre a reparação eucarística. Esse é um tema que se tornou difícil.

Quando eu era jovem, lembro-me que, na festa do Sagrado Coração, rezávamos com uma bela oração de Leão XIII e em seguida com outra de Pio XI, na qual a reparação ocupava um lugar especial, exatamente com referência, já naquele tempo, a atos sacrílegos que deviam ser reparados.

Creio que devemos ir a fundo, chegar ao próprio Senhor que ofereceu a reparação pelos pecados do mundo, e procurar reparar: digamos, tentar equilibrar o *plus* do mal e o *plus* do bem. Assim, não devemos deixar esse grande *plus* negativo na balança do mundo, mas dar um peso pelo menos equivalente ao bem.

Essa ideia fundamental apoia-se sobre tudo o que Cristo fez. Até onde posso compreender, este é o sentido do sacrifício eucarístico. Contra esse grande peso do mal que existe no mundo e que empurra o mundo para baixo, o Senhor põe um peso ainda maior, o peso do amor infinito que entra neste mundo. Este é o ponto mais importante: Deus é sempre o bem absoluto, mas esse bem absoluto entra na história; Cristo se faz presente aqui e sofre o mal até o fim, criando assim um contrapeso de valor absoluto. O *plus* do mal, que sempre existe se só vemos as proporções empiricamente, é superado pelo *plus* imenso do bem, do sofrimento do Filho de Deus.

Nesse sentido, há a reparação que é necessária. Parece-me que hoje é um pouco difícil compreender essas coisas. Se vemos o peso do mal no mundo, que aumenta constantemente, que parece ter absolutamente a supremacia na história, poderíamos — como diz Santo Agostinho em uma meditação — realmente entrar em desespero.

Mas vemos que há um *plus* ainda maior no fato de que o próprio Deus entrou na história, fez-se participante da história e sofreu até o fim. Esse é o sentido da reparação. Esse *plus* do Senhor é um apelo a pôr-nos ao Seu lado, a entrar nesse grande *plus* do amor e a torná-lo presente, mesmo com a nossa fraqueza. Sabemos que esse *plus* era necessário também para nós, porque o mal existe também na nossa vida. Todos vivemos graças ao *plus* do Senhor. No entanto, ele nos dá esse presente para que, como diz a Carta aos Colossenses, possamos associar-nos à sua abundância e, digamos, ajudar a aumentar ainda mais essa abundância concretamente no nosso momento histórico.

Penso que a teologia deveria fazer mais para compreender ainda melhor essa realidade da reparação. Na história, ocorreram também ideias errôneas. Nos últimos dias, li os discursos teológicos de São Gregório Nazianzeno, que num certo momento fala deste aspecto e se pergunta:

"Por quem o Senhor ofereceu o seu sangue? O Pai não queria o sangue do Filho, o Pai não é cruel, não é necessário atribuir isto à vontade do Pai; mas a história o queria, as necessidades e os desequilíbrios da história o queriam; era preciso entrar nesses desequilíbrios e aqui recriar o verdadeiro equilíbrio."

Isto é muito esclarecedor. Mas parece-me que ainda não dominamos a linguagem suficientemente para nós mesmos compreendermos esse fato e depois torná-lo compreensível aos outros. Não devemos oferecer a um Deus cruel o sangue de Deus. Mas Deus mesmo, com o seu amor, deve entrar nos sofrimentos da história para criar não só um equilíbrio, mas um *plus* de amor que é mais forte que a abundância do mal existente. É a isto que o Senhor nos convida.

Parece-me que esta é uma realidade tipicamente católica. Lutero diz: "Não podemos acrescentar nada." E isso é verdade. E depois diz: "Portanto, os nossos atos não contam nada." E isso não é verdade, porque a generosidade do Senhor se mostra precisamente no fato de que ele nos convida a entrar e dá valor também ao nosso estar com Ele.

Devemos aprender melhor tudo isto e sentir também a grandeza, a generosidade do Senhor, e a grandeza da nossa vocação. O Senhor quer associar-nos a este seu grande *plus*. Se começamos a compreendê-lo, ficaremos felizes que o Senhor nos convide a isto. Será uma grande alegria sermos levados a sério pelo amor do Senhor.

39. Pe. Francesco Tedeschi, professor na faculdade de Missiologia da Pontifícia Università Urbaniana, e também auxiliar na Basílica de São Bartolomeu, na Ilha Tiberina, espaço memorial dos novos mártires do século XX, fez uma reflexão sobre o exemplo e a capacidade de atrair que as figuras dos mártires exercem principalmente sobre os jovens. Os mártires revelam a beleza da fé cristã e testemunham ao mundo que é possível responder ao mal com o bem firmando a própria vida sobre a força da esperança. O papa não quis acrescentar mais palavras a essa reflexão.

Os aplausos que ouvimos demonstram que o senhor mesmo já nos deu respostas amplas [...]. Portanto, só posso responder à sua pergunta dizendo: Sim, é como o senhor disse. E meditemos sobre as suas palavras.

40. Padre Krzystzof Wendlik, vigário da paróquia dos santos Urbano e Lourenço em Prima Porta, abordou o problema do relativismo na cultura contemporânea e pediu ao papa uma palavra iluminadora sobre a relação entre unidade de fé e pluralismo em teologia.

É uma pergunta importante! Quando eu ainda era membro da Comissão Teológica Internacional, estudamos esse problema durante um ano. Eu fui o relator, e portanto me lembro bastante bem. No entanto, reconheço que sou incapaz de explicar a questão em poucas palavras.

Eu gostaria de dizer apenas que a teologia sempre foi multíplice. Pensemos nos Padres da Idade Média, a escola franciscana, a escola dominicana, depois a Idade Média tardia, e assim por diante. Como dissemos, a Palavra de Deus é sempre maior do que nós. Por isso, não conseguimos nunca chegar aos horizontes dessa Palavra, sendo necessárias diversas abordagens, várias modalidades de reflexão.

Eu diria simplesmente: é importante que o teólogo, por um lado, na sua responsabilidade e na sua capacidade profissional, se empenhe em encontrar alternativas que respondam às exigências e aos desafios do nosso tempo.

Por outro lado, ele precisa ter sempre consciência de que tudo isso baseia-se sobre a fé da Igreja, e por isso deve sempre voltar à fé da Igreja. Penso que se um teólogo está pessoal e profundamente arraigado na fé e compreende que seu trabalho é uma reflexão sobre a fé, ele encontrará a conciliação entre unidade e pluralidade.

41. A última pergunta foi feita pelo Pe. Luigi Veturi, pároco de San Giovanni Battista dei Fiorentini. Ele abordou o tema da arte sacra e perguntou ao papa se essa arte deve ser mais adequadamente valorizada como meio de comunicação da fé.

A resposta poderia ser muito simples: Sim! Cheguei aqui um pouco atrasado porque antes fiz uma visita à Capela Paulina, que vem sendo restaurada há sete anos. Disseram-me que os trabalhos durarão mais dois anos. Eu tive a oportunidade de vislumbrar entre os andaimes parte dessa arte miraculosa. E vale a pena restaurá-la bem, para que volte a resplandecer e seja uma catequese viva.

Dizendo isso, eu queria lembrar que a Itália é particularmente rica em arte, e a arte é um tesouro inexaurível e inimaginável de catequese. É também dever nosso conhecê-la e compreendê-la bem, não como fazem às vezes os historiadores da arte, que a interpretam apenas formalmente, em termos de técnica artística.

Devemos, antes, entrar em sintonia com a obra e reviver o conteúdo que inspirou essa grande arte. Parece-me realmente um dever — também na formação dos futuros sacerdotes — conhecer esses tesouros e ser capazes de transformar em catequese viva tudo o que está presente neles e que hoje nos fala.

Assim, também a Igreja poderá aparecer como um organismo — não de opressão ou de poder, como querem alguns — mas de uma fecundidade espiritual única na história, ou pelo menos, eu ousaria dizer, impossível de encontrar fora da Igreja Católica. Este é também um sinal da vitalidade da Igreja, que, apesar de todas as suas fraquezas e dos seus pecados, permaneceu sempre uma grande realidade espiritual, uma inspiradora que nos deu toda essa riqueza.

É, portanto, nosso dever entrar nessa riqueza e ser capazes de nos tornar intérpretes dessa arte. Isso se aplica tanto à arte pictórica e escultural quanto à música sacra, que é um setor da arte que merece ser vivificado. Eu diria que o Evangelho, em suas várias formas de vivência, é ainda hoje uma força inspiradora que nos dá e dará arte.

Existem também hoje principalmente esculturas belíssimas, que demonstram que a fecundidade da fé e do Evangelho não se extingue; existem também hoje composições musicais [...]. Creio que se possa ressaltar uma situação, digamos, contraditória da arte, uma situação também um pouco desesperada da arte.

Também hoje a Igreja inspira, porque a fé e a Palavra de Deus são inexauríveis. E isso nos dá coragem a todos; nos dá a esperança de que o mundo futuro terá novas visões da fé e, ao mesmo tempo, a certeza de que os dois mil anos de arte cristã já transcorridos estão sempre vivos e são sempre um "hoje" da fé.

VI. Perguntas Feitas por Sacerdotes das Dioceses de Belluno-Feltre e Treviso

As perguntas a seguir foram feitas por sacerdotes das Dioceses de Belluno-Feltre e Treviso durante um encontro com o papa Bento XVI na Igreja de Santa Justina Mártir, em Auronzo di Cadore, no dia 24 de julho de 2007.

42. V. Santidade, sou Padre Claudio. *A pergunta que eu queria fazer-lhe é sobre a formação da consciência, especialmente nos jovens, porque hoje parece cada vez mais difícil formar uma consciência coerente, uma consciência reta. Confunde-se o bem e o mal com o ter bons e maus sentimentos, o aspecto mais emotivo. Assim, eu gostaria de ouvir as suas orientações. Obrigado.*

Até certo ponto, esta primeira pergunta reflete um problema da cultura ocidental, pois o conceito de "consciência" passou por transformações profundas nos dois últimos séculos. Hoje prevalece a ideia de que só o que é quantificável pode ser racional, proceder da razão. Outras coisas, como as questões da religião e da moral, não fariam parte da razão comum, porque não podem ser provadas ou, como se diz, não são verificáveis na experiência.

Nessa situação, em que moral e religião são quase expulsas da razão, o único critério último da moralidade e também da religião é o sujeito — a consciência subjetiva que não conhece outra autoridade. No final, somente o sujeito decide, com os seus sentimentos, as suas experiências e eventuais critérios que encontrou. Desse modo, porém, o sujeito torna-se uma realidade isolada e, como o senhor disse, os parâmetros mudam de um dia para o outro.

Na tradição cristã, "consciência", "*con-scientia*", quer dizer "com ciência", ou seja, nós mesmos, o nosso ser está aberto, pode ouvir a voz do próprio ser, a voz de Deus. Assim, a voz dos grandes valores está inscrita no nosso ser e a grandeza do homem é precisamente que não está fechado em si, não está reduzido às coisas materiais, quantificáveis, mas tem uma abertura interior para as coisas essenciais, a possibilidade de uma escuta. Nas profundezas do nosso ser, podemos ouvir não apenas as necessidades do momento, não só as coisas materiais, mas também a voz do próprio Criador, e assim conhecer o que é bem e o que é mal.

Naturalmente, essa capacidade de escuta deve ser educada e desenvolvida. É precisamente este o compromisso do anúncio que fazemos na Igreja: desenvolver esta altíssima capacidade doada por Deus ao homem de ouvir a voz da verdade e assim a voz dos valores.

Eu diria, portanto, que um primeiro passo é tornar as pessoas conscientes de que a nossa própria natureza traz em si uma mensagem moral, uma mensagem divina que deve ser decifrada e que gradualmente podemos conhecê-la melhor, ouvi-la, se a nossa escuta interior for aberta e desenvolvida.

A questão concreta agora é como realizar na prática essa educação para a escuta, como capacitar o homem a escutar, apesar de todas as formas de surdez moderna, como fazer com que essa escuta, o *Effatha*[55] do Batismo, a abertura dos sentidos interiores, aconteça verdadeiramente.

Vendo a situação em que nos encontramos, eu proporia uma combinação entre um caminho laico e um caminho religioso, o caminho da fé. Todos nós vemos hoje que o homem pode destruir o fundamento da sua existência, a sua terra, e portanto que já não podemos simplesmente fazer com esta nossa terra, com a realidade que nos foi confiada, aquilo que quisermos ou que parece útil e promissor no momento. Pelo contrário, devemos respeitar as leis interiores da criação, desta terra; devemos aprender essas leis e obedecer-lhes, se quisermos sobreviver. Consequentemente, essa obediência à voz da

---

55. O *Effatha* (ou *Effetha*) é uma parte antiga do rito tradicional do Batismo. O celebrante umedecia o polegar direito com saliva e tocava as orelhas do batizando, dizendo, "*Effatha*", isto é, "Abre-te"; em seguida tocava as narinas, dizendo: "Pelo sabor doce." Nos tempos antigos, esse ritual era celebrado para convertidos e catecúmenos, conferindo-lhes o direito de ser iniciados na escuta da Palavra de Deus e abrindo-os à doçura da graça que emana da união com Cristo na Igreja. A estranha palavra *Effatha* é um dos poucos termos do aramaico (o idioma falado por Jesus) preservados na Escritura. Em Marcos 7:34, Jesus curou um surdo tocando-lhe as orelhas e a língua com sua saliva, dizendo ao mesmo tempo: "*Effatha*."

terra, do ser, é mais importante para a nossa felicidade futura do que as vozes do momento, os desejos do momento.

Em síntese, este é um primeiro critério para aprender: que o próprio ser, a nossa terra, fala conosco e nós devemos ouvir, se quisermos sobreviver e decifrar esta mensagem da terra. E se temos de ser obedientes à voz da terra, isto vale ainda mais para a voz da vida humana.

Não só devemos cuidar da terra, mas devemos respeitar o outro, os outros: quer o outro na sua singularidade como pessoa, como meu próximo, quer os outros como comunidade que vive no mundo e que deve viver em conjunto. E vemos que somente no respeito absoluto desta criatura de Deus, desta imagem de Deus que é o homem, só no respeito do viver juntos na terra, podemos ir em frente.

E aqui chegamos ao ponto em que temos necessidade das grandes experiências morais da humanidade. Essas experiências nascem do encontro com o outro, com a humanidade, com a comunidade. Precisamos da experiência de que a liberdade é sempre uma liberdade compartilhada e só pode funcionar se compartilharmos as nossas liberdades no respeito de valores que são comuns a todos. Parece-me que com esses passos podemos fazer ver a necessidade de obedecer à voz do ser, de obedecer à dignidade do outro, de aceitar a necessidade do viver juntos as nossas liberdades como *uma* liberdade, e por tudo isso reconhecer o valor intrínseco que pode tornar possível uma digna comunhão de vida entre os homens.

Assim chegamos, como já se disse, às grandes experiências da humanidade em que a voz do ser se expressa. Chegamos especialmente às experiências dessa grande peregrinação histórica do povo de Deus que teve início com Abraão. Nele encontramos não apenas as experiências humanas fundamentais, mas, por meio dessas experiências, podemos também ouvir a voz do próprio Criador, que nos ama e que falou conosco. Aqui, neste contexto, respeitando as experiências humanas que nos indicam o caminho hoje e amanhã, parece-me que os

121

Dez Mandamentos têm sempre um valor prioritário em que vemos os grandes indicadores do caminho.

Os Dez Mandamentos relidos, revividos à luz de Cristo, à luz da vida da Igreja e das suas experiências, indicam alguns valores fundamentais e essenciais: o quarto e o sexto mandamentos em conjunto indicam a importância do nosso corpo, de respeitar as leis do corpo e da sexualidade e do amor, o valor do amor fiel, da família; o quinto mandamento indica o valor da vida e também o valor da vida em comum; o sétimo indica o valor da partilha dos bens da terra e a justa distribuição desses bens, a administração da criação de Deus; o oitavo mandamento indica o grande valor da verdade. Se, portanto, no quarto, quinto e sexto mandamentos temos o amor ao próximo, no sétimo temos a verdade.

Nada disso funciona sem a comunhão com Deus, sem o respeito por Deus e a presença de Deus no mundo. Um mundo onde Deus não existe torna-se de qualquer modo um mundo arbitrário e egoísta. Só há luz e esperança se Deus aparece. A nossa vida tem um sentido que não nos compete produzir, mas que nos precede e nos guia. Portanto, neste sentido, eu diria que tomamos juntos os caminhos óbvios que hoje também a consciência laica pode facilmente ver, e procuramos assim orientar para as vozes mais profundas, para a verdadeira voz da consciência, que se comunica na grande tradição da oração, da vida moral da Igreja. Assim, num processo de paciente educação, talvez possamos todos aprender a viver e a encontrar a vida verdadeira.

43. Sou Padre Mauro, V. Santidade. No cumprimento do nosso ministério pastoral, somos cada vez mais sobrecarregados por muitas incumbências. Aumentam os compromissos de gestão administrativa das paróquias, de organização pastoral e de assistência às pessoas em situações difíceis. Pergunto-lhe que prioridades devemos ter presentes em nosso ministério como sacerdotes e como párocos para evitar a fragmentação, por um lado, e a dispersão, por outro? Obrigado.

Essa é uma pergunta bem realista, não é verdade? Eu também conheço um pouco este problema, com todas as suas rotinas diárias, com muitas audiências necessárias, com muitas coisas para fazer. No entanto, é preciso encontrar as justas prioridades e não esquecer o essencial: o anúncio do Reino de Deus.

Ouvindo a sua pergunta, lembrei-me do Evangelho de duas semanas atrás, sobre a missão dos setenta discípulos. Para essa primeira grande missão que Jesus lhes atribuiu, ele estabeleceu três imperativos que em conjunto parecem expressar substancialmente também hoje as grandes prioridades do trabalho de um discípulo de Cristo, de um sacerdote. Os três imperativos são: rezai, curai e anunciai.

Penso que devemos encontrar o equilíbrio entre esses três imperativos essenciais, tê-los sempre presentes como centro do nosso trabalho. Rezai: ou seja, sem uma relação pessoal com Deus, nada mais pode funcionar, pois não podemos realmente levar Deus, a realidade divina e a verdadeira vida humana às pessoas a não ser que nós mesmos vivamos numa profunda e verdadeira relação de amizade com Deus, em Jesus Cristo.

Daí decorre que a celebração diária da Sagrada Eucaristia é um encontro fundamental em que o Senhor fala comigo e eu com o Senhor, que se doa nas minhas mãos. Sem a oração das Horas, em que nos unimos à grande oração de todo o Povo de Deus, a começar pelos Salmos do antigo povo renovado na fé da Igreja, e sem a oração pessoal, não podemos ser bons sacerdotes, porque perdemos a essência do nosso ministério. Portanto, o primeiro imperativo é ser um homem de Deus, no sentido de um homem em amizade com Cristo e com os seus santos.

Depois, temos o segundo. Jesus disse: curai os enfermos, os dispersos, os necessitados. Esse é o amor da Igreja pelos marginalizados, pelos que sofrem. Também as pessoas ricas podem ser marginalizadas interiormente e sofrer. "Curar" refere-se a todas as necessidades humanas, que são sempre carências profundamente dirigidas a Deus. Por isso, como se diz, é necessário conhecer as ovelhas, ter relacionamentos humanos com as pessoas que nos foram confiadas, ter contato humano e não perder a nossa humanidade, porque Deus se fez homem e assim confirmou todas as dimensões do ser humano.

Como mencionei, porém, o humano e o divino sempre andam juntos. Para mim, a esse "curar", nas suas múltiplas formas, pertence também o ministério sacramental. O ministério da Reconciliação é um ato de cura extraordinário que o homem precisa para ser perfeitamente sadio. Assim, esses cuidados sacramentais começam com o Batismo, que é a renovação fundamental da nossa existência, e se estendem ao sacramento da Reconciliação e da Unção dos Enfermos. Naturalmente, todos os demais Sacramentos e a própria Eucaristia envolvem um grande cuidado das almas.

Precisamos cuidar dos corpos, mas acima de tudo — essa é a missão que recebemos — das almas. Devemos pensar nas inúmeras doenças e nas necessidades morais e espirituais que existem hoje e que devemos enfrentar, orientando as pessoas para o encontro com Cristo no sacramento, ajudando-as a descobrir a oração, a meditação, o estar na Igreja em recolhimento com a presença de Deus.

E por fim, anunciar. O que anunciamos? Anunciamos o Reino de Deus. Mas o Reino de Deus não é uma utopia distante de um mundo melhor, que talvez se realize daqui a cinquenta anos, ou quem sabe quando. O Reino de Deus é o próprio Deus, Deus que se aproximou e se tornou extremamente próximo em Cristo. Este é o Reino de Deus: o próprio Deus está próximo e nós devemos aproximar-nos desse Deus que está próximo, porque Ele se fez homem, permanece homem e está sempre conosco na sua Palavra, na Santíssima Eucaristia e em todos os fiéis.

Portanto, anunciar o Reino de Deus quer dizer falar de Deus hoje, tornar presente a Palavra de Deus, o Evangelho que é presença de Deus e, naturalmente, tornar presente o Deus que se fez presente na Sagrada Eucaristia. No entrelaçamento dessas três prioridades e, claro, levando em consideração todos os aspectos humanos, inclusive as nossas limitações que temos de reconhecer, podemos realizar bem o nosso sacerdócio. É importante também esta humildade, que reconhece os limites das nossas forças. O que não conseguimos fazer cabe ao Senhor realizá-lo. E também a capacidade de delegar, de colaborar. Tudo isso deve acompanhar sempre os imperativos fundamentais do rezar, do curar e do anunciar.

44. Chamo-me Padre Daniele. V. Santidade, o Vêneto é uma região de forte imigração, com uma presença acentuada de pessoas não-cristãs. Essa situação impõe às nossas dioceses uma nova tarefa de evangelização. Além disso, ela implica certa dificuldade, pois temos de conciliar as exigências do anúncio do Evangelho com as de um diálogo respeitoso com outras religiões. Que orientações pastorais V. Santidade poderia oferecer? Obrigado.

Naturalmente, o senhor está mais próximo dessa situação. Nesse sentido, talvez eu não possa oferecer-lhe orientações práticas, mas posso dizer que em todas as visitas *ad limina*, quer dos Bispos asiáticos, africanos, latino-americanos, quer de toda a Itália, sempre recebo informações sobre situações assim.

Um mundo uniforme já não existe mais. Todos os outros continentes, as outras religiões, os outros modos de vida estão presentes de modo especial no Ocidente. Vivemos um encontro permanente, que talvez nos assemelhe à Igreja antiga, onde se vivia a mesma situação. Os cristãos formavam uma ínfima minoria, um grão de mostarda que começava a crescer, rodeados por religiões e condições de vida muito diversas.

Por isso, devemos voltar a aprender tudo o que as primeiras gerações de cristãos viveram. Em sua Primeira Carta, São Pedro disse: "Deveis estar sempre prontos a dar razão da vossa esperança a todo aquele que vo-la pede" (1Pd 3:15). Assim, ele formulou para o homem comum daquele tempo, para o cristão comum, a necessidade de unir o anúncio e o diálogo.

Ele não disse formalmente: "Anunciai o Evangelho a todos", e sim: "Deveis ser capazes, estar prontos a dar razão da vossa esperança a todo aquele que vo-la pede." Parece-me que esta é a síntese necessária entre diálogo e anúncio.

O primeiro ponto é que a razão da nossa esperança deve estar sempre presente em nós. Devemos ser pessoas que vivem a fé, que pensam a fé e que a conhecem interiormente. Assim a fé torna-se razão em nós mesmos, torna-se razoável. A meditação sobre o Evangelho, e aqui sobre o anúncio, a homilia, e a catequese para capacitar as pessoas a pensar a fé, já são elementos fundamentais nesse vínculo entre diálogo e anúncio. Nós mesmos devemos pensar a fé, viver a fé e, como sacerdotes, encontrar maneiras diversas para torná-la presente, de tal maneira que os nossos cristãos católicos possam encontrar a convicção, a prontidão e a capacidade de explicar a razão da sua fé.

O anúncio que transmite a fé à consciência de hoje deve ter múltiplas formas. A homilia e a catequese são, indiscutivelmente, suas duas formas principais, mas existem também muitas outras variedades de encontro, como seminários sobre a fé, movimentos leigos, etc., onde as pessoas falam a respeito da fé e aprendem a fé. Tudo isso nos capacita, antes de tudo, a viver realmente como próximos dos não católicos — aqui, principalmente cristãos ortodoxos, protestantes, e também seguidores de outras religiões, muçulmanos e outros.

O primeiro aspecto é viver com eles, reconhecendo com eles o próximo, o nosso próximo; assim, viver na linha de frente o amor ao próximo como expressão da nossa fé. Penso que este já é um testemunho muito forte, e também uma forma de anúncio: viver realmente com outros o amor ao próximo, reconhecer nesses outros o nosso próximo, para que eles possam ver: este "amor ao próximo" é para mim. Se isto acontecer, poderemos apresentar mais facilmente a fonte deste nosso comportamento, ou seja, que o amor ao próximo é expressão da nossa fé.

Assim, o nosso diálogo não pode passar imediatamente aos grandes mistérios da fé, embora os muçulmanos tenham certo conhecimento de Cristo, que nega a sua divindade, mas reconhece nele pelo menos um grande profeta. Eles amam Nossa Senhora. Assim, temos elementos comuns também na fé, que são pontos de partida para o diálogo.

Algo prático, realizável e necessário é acima de tudo buscar o entendimento fundamental dos valores que devemos viver. Também aqui temos um tesouro comum, porque os muçulmanos procedem da religião de Abraão, reinterpretada e revivida de modos que devem ser estudados e aos quais devemos enfim responder. Mas a grande experiência substancial, a dos Dez Mandamentos, está presente e este me parece o ponto a ser aprofundado. Passar aos grandes mistérios parece-me um nível longe de ser fácil e impossível de se alcançar nos grandes encontros. Talvez a semente deva entrar em nosso coração para que assim a resposta da fé em diálogos mais específicos possa amadurecer aqui e lá. Mas o que podemos e devemos fazer é buscar o consenso sobre os valores fundamentais, expressos nos Dez Mandamentos, resumidos no amor ao próximo e no amor a Deus, e que podem assim ser interpretados nos diversos contextos da vida.

Pelo menos estamos numa jornada comum rumo ao Deus de Abraão, de Isaac e de Jacó, o Deus que é enfim o Deus com um rosto humano, o Deus presente em Jesus Cristo. Mas se este último passo deve ser dado principalmente em encontros íntimos, pessoais, ou em pequenos grupos, o caminho rumo a este Deus, de quem procedem estes valores que tornam a vida comum possível, creio que isso possa realizar-se também em encontros maiores. Como consequência, na minha opinião, devemos empreender aqui uma forma humilde e paciente de anúncio, uma forma que aguarda, mas também que já orienta o nosso viver segundo a consciência iluminada por Deus.

45. *Sou Padre Samuele. Nós acolhemos o seu convite a rezar, a curar e a anunciar. Nós já levamos V.S. a sério, dedicando atenção a V. pessoa, e numa manifestação de afeto trouxemos-lhe algumas garrafas do bom vinho da nossa região, que vos entregaremos pelas mãos do nosso bispo. Agora passo à minha pergunta. Assistimos cada vez mais a um grande aumento de situações de pessoas divorciadas que voltam a se casar, convivem e pedem a nós, sacerdotes, que as ajudemos em sua vida espiritual. São pessoas que muitas vezes trazem consigo o sincero desejo de receber os sacramentos. Realidades assim precisam ser encaradas, e os sofrimentos que causam também precisam ser divididos. Pergunto-lhe, Santo Padre, com que atitudes humanas, espirituais e pastorais podemos harmonizar compaixão e verdade? Obrigado.*

Sim, este é um problema doloroso de fato, e certamente não existe uma receita simples que o resolva. Todos nós sofremos com esse problema porque todos temos pessoas próximas que vivem essas situações. Sabemos que para elas é uma dor e um sofrimento, pois desejam estar em plena comunhão com a Igreja. O vínculo anterior do matrimônio reduz a participação delas na vida da Igreja.

O que fazer? Eu diria: Um primeiro ponto seria naturalmente a prevenção, na medida do possível. Disso decorre que a preparação para o matrimônio torna-se cada vez mais fundamental e necessária. O Direito Canônico supõe que o homem como tal, mesmo sem muita instrução, intenciona contrair um matrimônio segundo a natureza humana, como está indicado nos primeiros capítulos do Gênesis. É homem, tem a natureza humana, portanto sabe o que é o matrimônio. Ele pretende agir segundo os ditames da natureza humana. O Direito Canônico parte desse pressuposto. Trata-se de algo compulsório: homem é homem, natureza é o que é e lhe diz isso.

Hoje, porém, o axioma segundo o qual o homem estimulado por sua natureza contrairá um matrimônio único, fiel, transformou-se num axioma um pouco diferente. *"Volunt contrahere matrimonium sicut ceteri homines."*[56] Já não é simplesmente a natureza que fala, mas os *"ceteri homines"*: como todos fazem. E o que todos fazem hoje não é mais simplesmente o matrimônio natural, segundo o Criador, segundo a criação. O que os *"ceteri homines"* fazem é casar com a ideia de que um dia o matrimônio possa falhar e assim eles possam passar a outro, a um terceiro e até a um quarto matrimônio.

Esse modelo "como todos fazem" torna-se um modelo contrário ao que diz a natureza. Assim, torna-se normal casar-se, divorciar-se e voltar a se casar, e ninguém pensa que é algo contrário à natureza humana ou, em todo caso, são raros os que pensam. Por isso, para ajudar as pessoas a chegar a um matrimônio verdadeiro, não só no sentido da Igreja, mas também do Criador, devemos estimular nelas a capacidade de ouvir a natureza. Voltemos à primeira questão, à primeira pergunta: redescobrir interiormente o que todos fazem, o que a própria natureza nos diz, que fala de modo tão diferente do que o hábito moderno impõe. Com efeito, ela nos convida ao matrimônio vitalício, numa fidelidade vitalícia, mesmo com os sofrimentos de crescer juntos no amor.

Desse modo, os cursos preparatórios para o matrimônio devem ser uma retificação da voz da natureza, do Criador, dentro de nós, uma redescoberta, além do que todos os *"ceteri homines"* fazem, do que o nosso próprio ser nos diz intimamente. Nessa situação, portanto, distinguir entre o que todos fazem e o que o nosso ser nos diz, os cursos preparatórios devem ser um caminho de redescoberta. Eles devem

---

56. "Querem contrair o matrimônio como outros homens." O sentido aqui é que embora seja desígnio de Deus que homem e mulher sejam uma só carne, que é o matrimônio, atualmente, modismos passageiros ou práticas prejudiciais cada vez mais predominantes influenciam as pessoas a divorciar-se e a tornar a casar-se ou viver fora do casamento ou a ser promíscuas, etc. Isto hoje se justifica com o argumento de que "Se todos fazem essas coisas, por que não deveria eu?"

ajudar-nos a reaprender o que o nosso ser nos diz. Devem ajudar os casais a chegar a uma verdadeira decisão para o matrimônio segundo o Criador e segundo o Redentor. Portanto, os cursos preparatórios são de grande importância para "aprender mais sobre si mesmo", para conhecer a verdadeira intenção matrimonial.

Mas não basta a preparação; as grandes crises vêm depois. Por isso, um acompanhamento permanente, pelo menos nos primeiros dez anos, é de suma importância. Assim, na paróquia, é necessário cuidar não somente dos cursos de preparação, mas da comunhão na jornada que prossegue, da orientação e da ajuda recíproca. Que os sacerdotes, mas não só, também as famílias que já fizeram essas experiências, que conhecem estes sofrimentos e tentações, estejam presentes nos momentos de crise. A presença de uma rede de famílias que se ajudem é importante, e movimentos diversos podem oferecer uma grande contribuição.

A primeira parte da minha resposta recomenda a prevenção, não apenas no sentido de preparação, mas também de orientação, e a presença de uma rede de famílias que ajude nessa situação moderna em que tudo se opõe à fidelidade para toda a vida. É preciso ajudar as pessoas a encontrar essa fidelidade e a aprendê-la, mesmo no meio do sofrimento. Todavia, em caso de fracasso, ou seja, quando os esposos não se mostram capazes de perseverar na sua intenção original, há sempre a questão se realmente era uma decisão real no sentido do sacramento.

Como consequência, uma possibilidade é o processo para a declaração de nulidade. Se o matrimônio era verdadeiro, o que os impediria de voltar a se casar, a presença permanente da Igreja ajuda essas pessoas a suportar mais um sofrimento. No primeiro caso, temos o sofrimento de superar a crise, de aprender uma fidelidade difícil e madura. No segundo caso, temos o sofrimento de estar num vínculo novo, que não é sacramental, e que portanto não permite a comunhão plena nos sacramentos da Igreja. Aqui seria necessário ensinar e aprender a viver com esse sofrimento. Voltamos a este ponto, à primeira pergunta da outra diocese.

De maneira geral, na nossa geração, na nossa cultura, precisamos redescobrir o valor do sofrimento, aprender que o sofrimento pode ser uma realidade muito positiva que nos ajuda a amadurecer, a tornarmo-nos mais nós mesmos, mais próximos do Senhor que sofreu por nós e sofre conosco. Portanto, também nesta segunda situação a presença do sacerdote, das famílias e dos movimentos, a comunhão pessoal e comunitária nessas situações, a ajuda do amor ao próximo, um amor muito específico, é de enorme importância. E penso que somente este amor, sentido pela Igreja e expresso na solidariedade de muitos, pode ajudar essas pessoas a reconhecer que são amadas por Cristo e que são membros da Igreja, mesmo nessa situação difícil, e assim a viver a fé.

46. Chamo-me Padre Saverio, e portanto a pergunta certamente diz respeito às missões. Celebra-se neste ano o 50º aniversário da encíclica Fidei donum. Acolhendo o convite do papa, muitos sacerdotes da nossa diocese, inclusive eu, vivemos e estamos vivendo a experiência da missão ad gentes.[57] *Sem dúvida, esta é uma experiência extraordinária que, na minha modesta opinião, poderia ser vivida por muitos sacerdotes, na óptica do intercâmbio entre igrejas irmãs. Como a orientação da encíclica continua atual ainda hoje, e considerando o número*

---

57. "Missão aos povos" refere-se aos esforços da Igreja de evangelizar todos os povos consonante o mandamento de Cristo antes da sua ascensão (cf. Mt 28:19). "*Sacerdotes fidei donum*" ("dom da fé") descreve sacerdotes que são "emprestados" de uma parte do mundo a outra região onde faltam vocações sacerdotais. Em 1957, o papa Pio XII, em sua encíclica *Fidei donum*, pediu às dioceses europeias que enviassem sacerdotes para ajudar na África. Em 1960, João XXIII fez algo semelhante para a América Latina. A ideia é que bispos e sacerdotes sejam ordenados para toda a Igreja e sirvam a toda a Igreja, não apenas a uma pequena área circunscrita geograficamente.

decrescente de sacerdotes em nossos países, como e com que atitude devem acolhê-la e vivê-la tanto os sacerdotes enviados como toda a diocese? Obrigado.

Obrigado. Antes de tudo, eu gostaria de agradecer a todos esses sacerdotes *fidei donum* e às dioceses. Como já mencionei, recebi por estes dias muitas visitas *ad limina* de bispos da Ásia, da África e da América Latina, e todos me dizem: "Temos muita necessidade de sacerdotes *fidei donum* e somos imensamente gratos pelo trabalho que realizam. Eles fazem presente, com frequência em situações extremamente difíceis, a catolicidade da Igreja, a visibilidade do fato de que somos uma grande comunhão universal, e de que existe um amor ao próximo distante que se torna próximo na situação do sacerdote *fidei donum*.

Este grande dom, que se realizou verdadeiramente nesses cinquenta anos, eu o sinto e vejo quase de modo palpável em todos os meus diálogos com os sacerdotes, que dizem: "Não penseis que nós, africanos, somos agora autossuficientes; temos sempre necessidade da visibilidade da grande comunhão da Igreja universal." Eu diria que todos nós temos necessidade dessa visibilidade de ser católicos, de um amor ao próximo que chega de longe e assim encontra o próximo.

Hoje, a situação mudou no sentido de que nós na Europa também recebemos sacerdotes provenientes da África, da América Latina e de outras partes da própria Europa. Isto nos permite ver a beleza deste intercâmbio de dons, desta dádiva recíproca, porque todos temos necessidade de todos: precisamente assim cresce o Corpo de Cristo.

Para resumir, eu gostaria de dizer que este era e é um grande dom, sentido como tal na Igreja: em muitas situações, que não posso descrever agora, que envolvem problemas sociais, problemas de desenvolvimento, problemas de anúncio da fé, problemas de isolamento, de necessidade da presença de outros, esses sacerdotes são um dom no qual as dioceses e as Igrejas particulares reconhecem a presença de Cristo que se entrega por nós.

Ao mesmo tempo, reconhecem que a Comunhão Eucarística não é apenas comunhão sobrenatural, mas se torna comunhão concreta nesse doar-se de sacerdotes diocesanos, que se fazem presentes em outras dioceses e que assim a rede das Igrejas particulares se torna realmente uma rede de amor.

Obrigado a todos aqueles que ofereceram esse dom. Posso somente incentivar os bispos e sacerdotes a continuarem oferecendo esse dom.

Sei que hoje, com a escassez de vocações, torna-se cada vez mais difícil na Europa fazer essa dádiva; mas já temos a experiência de que outros continentes, como a Índia e especialmente a África, também de sua parte nos oferecem sacerdotes. A reciprocidade continua sendo de suma importância. Precisamente a experiência de que somos Igreja enviada ao mundo que todos conhecem e amam é muito necessária e também constitui a força do anúncio.

Assim as pessoas podem ver que o grão de mostarda dá fruto e incessantemente, sempre de novo, torna-se uma árvore frondosa na qual os pássaros do céu encontram abrigo. Obrigado e ânimo!

47. Padre Alberto. Santo Padre, os jovens são o nosso futuro e a nossa esperança: mas às vezes eles veem a vida não como uma oportunidade, mas como uma dificuldade; não como um dom para si mesmos e para os outros, mas algo a ser consumido imediatamente; não um projeto para construir, mas um vaguear sem meta. A mentalidade de hoje impõe que os jovens sejam sempre felizes e perfeitos. A consequência é que qualquer pequeno fracasso e a menor dificuldade já não são vistos como motivo de crescimento, mas como derrota. Tudo isso os leva com frequência a gestos irremediáveis como o suicídio, que dilaceram o coração dos que os amam e de toda a sociedade. O que V.S. pode dizer a nós, educadores, que seguidamente nos sentimos impossibilitados de agir e sem respostas? Obrigado.

Parece-me que o senhor fez uma descrição clara de uma vida em que Deus não existe. Num primeiro momento, parece que não há necessidade de Deus, ou até que sem Deus seríamos mais livres e o mundo seria mais amplo. Porém, depois de certo tempo, vemos nas nossas novas gerações o que acontece quando Deus desaparece. Como disse Nietzsche: "A grande luz apagou-se, o sol extinguiu-se." Então a vida é casual, torna-se uma coisa com a qual devo procurar fazer o melhor possível e usá-la como se fosse algo para uma felicidade imediata, palpável e realizável.

Mas o grande problema é que se Deus não existe e não é o Criador também da minha vida, na realidade a vida é uma simples parte da evolução, e nada mais; não tem sentido em si. Mas ao contrário, devo procurar dar sentido a esse componente do ser.

Vejo atualmente na Alemanha, mas também nos Estados Unidos, um debate bastante acirrado entre o chamado "criacionismo" e o evolucionismo, apresentados como se fossem alternativas que se excluem: os que acreditam no Criador não poderiam pensar na evolução e os que, ao contrário, defendem a evolução deveriam excluir Deus. Essa contraposição é um absurdo porque, por um lado, há tantas provas científicas a favor da evolução, que ela aparece como uma realidade que podemos ver e que enriquece o nosso conhecimento da vida e do ser como tal. Por outro lado, porém, a doutrina da evolução não responde a todas as questões, especialmente à grande questão filosófica: De onde tudo provém? E como tudo começou, percorrendo um caminho que finalmente chega ao homem?

Creio que isto é de suma importância. Isto é o que eu pretendia dizer na minha palestra em Regensburg: a razão deve abrir-se mais, deve realmente ver esses fatos, mas deve compreender também que não são suficientes para explicar toda a realidade. Não são suficientes. A nossa razão é mais ampla e pode ver também que ela mesma não é basicamente algo irracional, produto da irracionalidade, mas que ela, a razão criadora, precede tudo, e que nós somos realmente o reflexo dela.

Fomos pensados e desejados; assim, há uma ideia que me precedeu, um sentimento que me precedeu e que devo descobrir, seguir e que finalmente dá sentido à minha vida. Parece-me que este é o primeiro ponto: descobrir que o meu ser é realmente racional, é pensado e tem um sentido. E a minha grande missão é descobrir esse sentido, vivê-lo e contribuir assim com um novo elemento à grande harmonia cósmica concebida pelo Criador.

Se assim é, então também as dificuldades se tornam momentos de maturidade, de processo e de progresso do meu próprio ser, que tem sentido desde a sua concepção até o último momento de vida. Podemos conhecer essa realidade do sentido que precede a todos nós, podemos também redescobrir o sentido do sofrimento e da dor; há certamente um sofrimento que devemos evitar e afastar do mundo: todas as dores inúteis provocadas pelas ditaduras, pelos sistemas errôneos, pelo ódio e pela violência. Mas há também na dor um sentido profundo; e só dando sentido à dor e ao sofrimento a nossa vida pode amadurecer.

Acima de tudo, porém, eu diria que não é possível haver amor sem dor, porque o amor sempre implica uma renúncia a mim mesmo, um abandonar-me, um aceitar o outro na sua alteridade, implica uma doação de mim e, portanto, um sair de mim próprio. Tudo isto é dor e sofrimento, mas é precisamente nesse sofrimento do perder-me pelo outro, pelo amado, e portanto por Deus, que me torno grande e a minha vida encontra o amor e no amor o seu sentido. Amor e dor, amor e Deus, sempre inseparáveis, são elementos que devem entrar na consciência moderna para nos ajudar a viver.

Nesse aspecto, eu diria que é importante ajudar os jovens a descobrir Deus, a descobrir o amor verdadeiro que precisamente na renúncia se torna grande e assim também os leva a descobrir o benefício interior do sofrimento, que me torna mais livre e maior. Naturalmente, para ajudar os jovens a encontrar esses elementos, companhia e orientação são sempre essenciais, seja na paróquia, na Ação Católica ou em algum movimento. É somente na companhia de outros que podemos também revelar essa grande dimensão do nosso ser às novas gerações.

48. *Sou Padre Francisco. Santo Padre, uma frase que V. Santidade escreveu no vosso livro "Jesus de Nazaré" ficou gravada em mim: "Mas o que Jesus verdadeiramente trouxe, senão paz ao mundo, bem-estar para todos e um mundo melhor? O que trouxe? A resposta é muito simples: "Deus. Ele trouxe Deus." A clareza e a verdade da citação são apaziguadoras. Mas pergunto: Fala-se sobre a nova evangelização, sobre o novo anúncio do Evangelho — esta foi também a opção principal do Sínodo da nossa diocese de Belluno-Feltre — mas o que devemos fazer para que este Deus, única riqueza trazida por Jesus, e que com grande frequência parece a muitos estar envolvido em bruma, possa novamente resplandecer em nossas casas e ser água que sacia também todos aqueles que parecem não ter mais sede? Obrigado.*

Obrigado. É uma pergunta fundamental. A pergunta fundamental do nosso trabalho pastoral é como levar Deus ao mundo, aos nossos contemporâneos. Evidentemente, este levar Deus é uma tarefa multidimensional: já na pregação, vida e morte de Jesus, vemos como este Único se desenvolve em muitas dimensões. Parece-me que devemos ter sempre em mente duas coisas: de um lado, o anúncio cristão.

O cristianismo não é um conjunto complexo de muitos dogmas, impossível de ser conhecido por todos; não é algo exclusivo para acadêmicos que podem estudar essas coisas; ele é algo muito simples: Deus existe, e está perto em Jesus Cristo.

Assim, resumindo, o próprio Jesus Cristo disse que o Reino de Deus havia chegado. É isso que anunciamos. No fundo, uma coisa simples. Todas as dimensões que depois se revelaram são manifestações dessa única coisa, e as pessoas não precisam conhecer tudo, mas certamente devem tomar consciência do que é profundo e essencial.

Desse modo, abrem-se com alegria sempre crescente também às diversas dimensões. Mas como agir concretamente, na prática?

Falando do trabalho pastoral hoje, creio que já mencionamos os pontos fundamentais. Continuando nessa direção, levar Deus implica sobretudo, por um lado, amor e, por outro, esperança e fé. Assim, a dimensão da vida vivida, o melhor testemunho de Cristo, o melhor anúncio, é sempre a vida de verdadeiros cristãos.

Na minha opinião, o anúncio mais belo hoje é vermos como famílias alimentadas pela fé vivem na alegria, como vivem numa alegria profunda e fundamental também o sofrimento, como ajudam os outros, amando a Deus e ao próximo. Também para mim, o anúncio mais confortador é sempre o de ver famílias ou individualidades católicas imbuídas de fé: nelas resplandece realmente a presença de Deus, trazendo essa "água viva" de que V. Revma. falou.

O anúncio fundamental é, portanto, precisamente o da própria vida dos cristãos. Naturalmente, há também o anúncio da Palavra. Devemos fazer todo o possível para que a Palavra seja ouvida e conhecida. Existem atualmente muitas escolas da Palavra e do diálogo com Deus na Sagrada Escritura, diálogo que se torna necessariamente também oração, porque um estudo meramente teórico da Sagrada Escritura é uma forma de ouvir apenas intelectual e não seria um encontro verdadeiro e suficiente com a Palavra de Deus.

Se é verdade que na Escritura e na Palavra de Deus é o Senhor Deus Vivo que fala conosco, que provoca a nossa resposta e a nossa oração, então as escolas da Escritura devem ser também escolas da oração, do diálogo com Deus, do aproximar-se intimamente de Deus. Portanto, todo o anúncio.

Depois, naturalmente, os Sacramentos.

Com Deus vêm sempre também todos os santos. Deus — a Sagrada Escritura nos diz isso desde o início — nunca vem sozinho; é sempre acompanhado e circundado por anjos e santos.

No grande vitral na Basílica de São Pedro que representa o Espírito Santo, agrada-me muito o fato de Deus estar circundado por uma multidão de anjos e de seres vivos que são expressão e emanação, por assim dizer, do amor de Deus. Com Deus, com Cristo, com o homem que é Deus e com Deus que é homem, chega Nossa Senhora. Isso é muito importante. Deus, o Senhor, tem uma Mãe e na Mãe reconhecemos realmente a bondade materna de Deus. Nossa Senhora, a Mãe de Deus, é o auxílio dos cristãos, é o nosso conforto permanente, é a nossa grande ajuda. Vejo isso também no diálogo com os bispos do mundo, da África e ultimamente da América Latina, que o amor a Nossa Senhora é a grande força da catolicidade. Em Nossa Senhora reconhecemos toda a ternura de Deus; assim, cultivar e viver esse amor jubiloso de Nossa Senhora, de Maria, é um dom muito grande da catolicidade.

E depois há os santos. Cada lugar tem o seu santo. Isso é bom, porque assim vemos as múltiplas cores da única luz de Deus e do seu amor que se aproxima de nós. Descobrir os santos na sua beleza, no seu aproximar-se de mim na Palavra, de modo que num santo específico eu possa encontrar expressa precisamente para mim a Palavra inexaurível de Deus. E depois todos os aspectos da vida paroquial, também os humanos. Não devemos estar sempre nas nuvens, nas nuvens mais altas do Mistério. Devemos também ter os pés firmes no chão e viver juntos a alegria de ser uma grande família: a pequena grande família da paróquia; a grande família da diocese; a ainda maior família da Igreja universal.

Em Roma, posso ver tudo isso, posso ver como pessoas de todas as partes da terra que não se conhecem, na verdade se conhecem, porque todas fazem parte da família de Deus. Elas estão próximas umas das outras porque têm tudo: o amor do Senhor, o amor de Nossa Senhora, o amor dos santos, a sucessão apostólica, o sucessor de Pedro e os bispos.

Eu diria que essa alegria da catolicidade com suas múltiplas cores é também a alegria da beleza. Temos aqui a beleza de um lindo órgão; a beleza de uma linda igreja, a beleza que cresceu na Igreja. Parece-me um maravilhoso testemunho da presença e da verdade de Deus. A Verdade expressa-se na beleza e devemos ser gratos por ela e fazer o possível para que permaneça presente, se desenvolva e continue a crescer. Acredito que assim Deus estará de modo muito concreto no nosso meio.

49. Sou Padre Lorenzo, pároco. Santo Padre, os fiéis esperam apenas uma coisa dos sacerdotes: que sejam especialistas em promover o encontro do homem com Deus. Essas não são palavras minhas, mas de V. Santidade num pronunciamento ao clero. O meu diretor espiritual no seminário, durante aqueles penosos encontros de orientação espiritual, dizia-me: "Lorenzino, humanamente tudo bem, mas [...]," e quando dizia "mas", o que ele queria dizer era que eu preferia jogar futebol a fazer a adoração eucarística [...] e que isso não era bom para a minha vocação; e que não adiantava contestar as lições de moral e de direito, porque os professores sabiam mais do que eu. E com aquele "mas", quem sabe o que mais ele queria dizer [...]. Agora eu o imagino no céu, mas mesmo assim rezo alguns réquiens por ele. Não obstante tudo isto, sou sacerdote há 34 anos e sinto-me feliz por isso. Não fiz milagres e também não passei por complicações maiores, ou talvez não as tenha percebido. Para mim, "humanamente, tudo bem" é um grande elogio. Mas aproximar o homem de Deus e Deus do homem não passa sobretudo através do que chamamos humanidade, que é irrenunciável também para nós, sacerdotes?

Obrigado. Ao que o senhor disse no final, direi simplesmente "Sim". Falando de um modo um tanto simplista, o catolicismo sempre foi considerado a religião do grande "*et... et*"[58]: não de grandes formas

---

58. "Et... et" é uma construção latina comum que significa "não só... mas também", "tanto... quanto". O papa está dizendo que não se trata de um conceito "ou... ou", pelo qual uma coisa exclui outra. Ao contrário, trata-se de um conceito inclusivo.

de exclusivismo, mas de síntese. O significado exato de "católico" é "síntese". Por isso, eu seria contra ter de escolher entre jogar futebol e estudar a Sagrada Escritura ou o Direito Canônico. Por que não fazer as duas coisas?

É ótimo praticar esportes. Eu não sou esportista, mas quando era jovem, eu gostava de ir às montanhas; hoje faço apenas caminhadas leves, mas é muito agradável para mim perambular nesta bela terra que o Senhor nos concedeu. Por isso, não podemos viver sempre num estado elevado de meditação; talvez um santo na última etapa da sua peregrinação terrestre possa chegar a esse ponto, mas normalmente vivemos com os pés na terra e com os olhos voltados para o céu.

Essas duas coisas nos são dadas pelo Senhor, e portanto, amar as coisas humanas, amar as belezas da terra, não é somente muito humano, mas também muito cristão e muito católico. Eu diria — e me parece que já mencionei isso acima — que este aspecto pertence a uma pastoral boa e realmente católica: viver no *"et... et"*; viver a humanidade e o humanismo do homem, todos os dons que o Senhor nos concedeu e que temos desenvolvido; e ao mesmo tempo não esquecer Deus, porque no final a grande luz vem de Deus e só d'Ele vem depois a luz que dá alegria a todos esses aspectos das coisas que existem.

Portanto, eu gostaria simplesmente de comprometer-me com a grande síntese católica, com este *"et... et"*; ser verdadeiramente humano. E cada um, segundo os seus dons e o seu carisma, deve não só amar a terra e as coisas belas que o Senhor nos deu, mas também ser agradecido porque a luz de Deus resplandece na terra e dá esplendor e beleza a tudo. Neste sentido, vivamos jubilosamente a catolicidade. Essa seria a minha resposta. (*Aplausos*)

50. Chamo-me Padre Arnaldo. Santo Padre, além do reduzido número de sacerdotes, as exigências pastorais e ministeriais obrigam os nossos bispos a rever a distribuição do clero, daí resultando que um mesmo sa-

cerdote tem seus compromissos acumulados, inclusive precisando dar atendimento a mais de uma paróquia. Isso afeta sensivelmente muitas comunidades de batizados e exige de nós todos — padres e leigos — que vivamos e exerçamos o ministério pastoral juntos. Como viver essa mudança da organização pastoral, priorizando a espiritualidade do Bom Pastor? Obrigado, V. Santidade!

Sim, voltemos à questão das prioridades pastorais e de como ser pároco hoje. Pouco tempo atrás, um bispo francês que é religioso, e portanto nunca foi pároco, disse-me: "Santo Padre, eu gostaria que V. Santidade me esclarecesse o que é um pároco. Na França, temos grandes unidades pastorais com cinco, seis ou sete paróquias, e o pároco torna-se um coordenador de organismos, de diferentes iniciativas." Ele tinha a impressão, porém, de que, por estar muito ocupado com a coordenação das diversas unidades com as quais estava comprometido, já não tivesse a possibilidade de um encontro pessoal com as suas ovelhas. Como ele era bispo, e por conseguinte pastor de uma grande paróquia, perguntava se esse sistema é justo ou se não devemos encontrar uma possibilidade para que o pároco seja realmente pároco, e portanto pastor do seu rebanho.

Naturalmente, eu não podia dar a receita para uma solução imediata que resolvesse essa situação na França, mas o problema, em geral, é: providenciar para que o pároco, apesar das novas situações e das novas formas de responsabilidade, não perca o contato com o povo, que seja realmente o pastor do rebanho que lhe foi confiado pelo Senhor. As situações são diversas: penso nos bispos nas suas dioceses com situações bem diferentes; eles devem ver com clareza como garantir que o pároco continue sendo pastor e não se torne um burocrata sagrado.

Parece-me, contudo, que uma primeira oportunidade em que podemos estar presentes para as pessoas que nos foram confiadas é precisamente a vida sacramental: na Eucaristia estamos juntos e podemos e devemos encontrar-nos; o Sacramento da Penitência e da Reconciliação é um encontro muito pessoal; também o Batismo é um encontro pessoal, e não só no momento em que é administrado. Eu diria que todos esses sacramentos têm um contexto próprio: Batizar significa antes de tudo catequizar um pouco a jovem família, falar com ela para que o Batismo seja também um encontro pessoal e ocasião para uma catequese muito concreta.

Também a preparação para a Primeira Eucaristia, para a Confirmação e para o Matrimônio são sempre oportunidades para que o pároco, o sacerdote, encontre as pessoas individualmente; ele é o pregador e o administrador dos sacramentos de um modo que sempre implica a dimensão humana. Um sacramento nunca é apenas um ato ritual, mas o ato ritual e sacramental é a condensação de um contexto humano em que o sacerdote, o pároco, se move.

Além disso, parece-me muito importante encontrar sistemas apropriados de delegação. Não é justo que o pároco faça somente a coordenação de organismos. Antes, ele deve delegar de modos diversos, e certamente nos Sínodos — e tivestes nesta vossa diocese um Sínodo — encontra-se o modo para liberar o pároco de modo suficiente. Isso deve ser feito de tal forma que ele possa permanecer responsável pela totalidade da unidade pastoral que lhe foi confiada, sem no entanto transformar-se substancialmente e sobretudo num burocrata coordenador. Pelo contrário, ele deve ser aquele que detém as orientações essenciais, mas que também pode contar com colaboradores.

Acredito que este seja um dos resultados importantes e positivos do Concílio: a corresponsabilidade de toda a paróquia, pois o pároco não é mais o único que deve vivificar tudo. Dado que todos constituímos, juntos, uma paróquia, devemos todos colaborar para que o pároco não permaneça isolado como coordenador, mas se veja realmente como pastor apoiado nessas tarefas comuns nas quais, em conjunto, se realiza e vive a paróquia.

Assim, eu diria que, por um lado, essa coordenação e responsabilidade vital por toda a paróquia e, por outro, a vida sacramental e o anúncio como centro da vida paroquial, poderiam também hoje, em circunstâncias certamente mais difíceis, permitir ser um pároco que talvez não conheça cada paroquiano pelo nome, como o Senhor nos diz a respeito do Bom Pastor, mas que realmente conheça as suas ovelhas e seja realmente o pastor que as chama e guia.

51. Faço a última pergunta e sinto-me muito tentado a calar-me, pois se trata de uma pergunta pequena, Santo Padre, e depois de nove vezes que V. Santidade soube encontrar o caminho para nos falar de Deus e nos elevar, quase me parece banal e pobre o que estou para perguntar; mas mesmo assim, continuo. Peço-lhe uma palavra para todos aqueles da minha geração, para nós que nos preparamos durante os anos do Concílio, depois partimos com entusiasmo e talvez também com a pretensão de mudar o mundo. Também trabalhamos muito e hoje nos encontramos numa situação um tanto difícil, porque estamos cansados, muitos dos nossos sonhos não se realizaram e também nos sentimos um pouco isolados. Os mais idosos nos dizem: "Vejam, nós tínhamos razão em ser mais prudentes"; e às vezes os mais jovens dizem que "temos nostalgia do Concílio". A nossa pergunta é esta: Podemos ainda levar um dom à nossa Igreja, especialmente com aquela dedicação ao povo que parece ter-nos distinguido? Ajude-nos a recuperar a esperança e a serenidade.

Obrigado, essa é uma pergunta importante e que conheço muito bem. Também eu vivi os tempos do Concílio. Eu estava com grande entusiasmo na Basílica de São Pedro e vi novas portas se abrirem. Parecia realmente o novo Pentecostes em que a Igreja podia de novo convencer a humanidade, depois de o mundo ter se afastado da Igreja nos séculos XVIII e XIX; parecia que a Igreja e o mundo estavam se encontrando novamente e que um mundo cristão e uma Igreja do mundo, verdadeiramente aberta para o mundo, estavam renascendo. Tínhamos tantas esperanças, mas na realidade as coisas acabaram tornando-se difíceis.

Entretanto, o grande legado do Concílio que abriu um novo caminho permanece; ele ainda é uma *magna carta* do caminho da Igreja, muito essencial e fundamental. Mas por que aconteceu isso?

Eu gostaria de começar com uma observação histórica. Um período pós-conciliar é quase sempre muito difícil. O importante Concílio de Niceia — que para nós é realmente o fundamento da nossa fé; de fato, professamos a fé formulada em Niceia — não levou a uma situação de reconciliação e unidade como esperava Constantino, promotor desse grande Concílio. Em vez disso, seguiram-se tempos realmente caóticos de desentendimentos internos.

No seu livro sobre o Espírito Santo, São Basílio compara a situação da Igreja depois do Concílio de Niceia com uma batalha naval à noite em que ninguém reconhece o outro, mas todos lutam contra todos. Foi realmente uma situação de caos total: São Basílio pintou assim em cores fortes o drama do período pós-conciliar, das consequências de Niceia.

Cinquenta anos mais tarde, o imperador convidou São Gregório Nazianzeno a participar do Primeiro Concílio de Constantinopla. São Gregório respondeu: "Não, não irei, porque conheço essas coisas. Sei que todos os Concílios só produzem confusão e brigas; por isso, não irei." E não foi.

Portanto, em retrospectiva, não é agora surpresa tão grande como era no primeiro momento para todos nós digerir o Concílio, sua importante mensagem. Inseri-lo na vida da Igreja, aceitá-lo para que se torne vida da Igreja, assimilá-lo nas diversas realidades da Igreja, é um sofrimento. E é só com sofrimento que há crescimento. Crescer é sempre também sofrer, porque é sair de um estado e passar para outro. E devemos observar que no período pós-conciliar concreto existem duas grandes cesuras históricas.

No período pós-conciliar, tivemos a pausa de 1968, o início ou "explosão" — eu ousaria dizer — da grande crise cultural do Ocidente. A geração do pós-guerra havia chegado ao fim. Essa foi a geração que, depois de toda a destruição, de ver os horrores da guerra, de lutar e constatar a tragédia das grandes ideologias que haviam realmente levado o mundo ao turbilhão da guerra, redescobriu as raízes cristãs da Europa e começou a reconstruir a Europa com essas elevadas inspirações. Com o desaparecimento dessa geração, porém, tornaram-se também visíveis todos os fracassos, todas as deficiências dessa reconstrução e a pobreza generalizada no mundo. Explodiu, assim, a crise na cultura ocidental, uma crise que eu chamaria de revolução cultural que desejava uma mudança radical. Ela dizia: Em dois mil anos de cristianismo, não criamos um mundo melhor. Devemos recomeçar do zero de modo absolutamente novo. O marxismo parece a receita científica para criar finalmente um mundo novo. E nesse, digamos, grave confronto entre a nova, sadia modernidade desejada pelo Concílio e a crise da modernidade, tudo se torna difícil, do mesmo modo como depois do Primeiro Concílio de Niceia.

Uma parte acreditava que essa revolução cultural era o que o Concílio desejava. Os integrantes desse grupo identificavam essa nova revolução cultural marxista com as intenções do Concílio. Diziam: "Este é o Concílio. Literalmente, os textos são ainda um pouco antiquados, mas esse é o espírito por trás das palavras, essa é a vontade do Concílio, isso é o que temos de fazer."

Por outro lado, porém, havia uma reação que dizia: "Essa é a forma para destruir a Igreja." Essa reação opunha-se, digamos, de modo absoluto ao Concílio, era contra o Concílio e contra o tímido e humilde esforço de realizar o verdadeiro espírito do Concílio. E como diz um provérbio: "A queda de uma única árvore produz grande estrondo, mas o crescimento de uma floresta inteira é inaudível, pois é um processo silencioso", assim, no alvoroço de um sentimento anticonciliar e de progressismo equivocado, a jornada da Igreja foi ganhando força, com muito sofrimento e muitas perdas, à medida que ela construía um novo processo cultural.

Depois houve a segunda suspensão, em 1989 — o colapso dos regimes comunistas; mas a resposta não foi um regresso à fé, como se poderia esperar. Não foi a redescoberta de que a Igreja, com o Concílio autêntico, havia dado a resposta. Ao contrário, a resposta foi o ceticismo total, a assim chamada pós-modernidade. Para ela, nada é verdadeiro, cada um deve viver da melhor maneira possível. O materialismo ganhou corpo, um ceticismo pseudorracionalista cego que acaba nas drogas e em todos os problemas que conhecemos. Uma vez mais, esse movimento fechou os caminhos à fé, porque era algo muito simples, muito evidente. Não, não havia nada de verdadeiro nisso. A verdade é intolerante, não podemos seguir por esse caminho.

Aqui, nos contextos dessas duas rupturas culturais — a primeira, a revolução cultural de 1968, a segunda, a queda, poderíamos dizer, no niilismo depois de 1989 — a Igreja, com humildade, entre as aflições do mundo e a glória do Senhor, empreende o seu caminho. Nesse caminho, devemos crescer com paciência e agora devemos aprender de modo novo o que significa renunciar ao triunfalismo. O Concílio havia dito que se devia renunciar ao triunfalismo — e estava pensando no barroco, em todas essas grandes culturas da Igreja. As pessoas diziam: Comecemos de um modo novo e moderno. Mas outro triunfalismo havia se desenvolvido, o de pensar: Agora fazemos coisas, encontramos o nosso caminho e nele encontraremos o mundo novo. No entanto, a humildade da Cruz, do Crucificado, exclui esse mesmo triunfalismo. Devemos renunciar ao triunfalismo que declara que a grande Igreja do futuro está realmente nascendo agora.

A Igreja de Cristo é sempre humilde e precisamente por isso é grande e jubilosa. Parece-me muito importante o fato de podermos agora ver com olhos abertos tudo o que se desenvolveu de positivo no período subsequente ao Concílio: na renovação da liturgia, nos Sínodos, Sínodos romanos, Sínodos universais, Sínodos diocesanos, nas estruturas paroquiais, na colaboração, na nova responsabilidade dos leigos, na nova corresponsabilidade intercultural e intercontinental, numa nova experiência da catolicidade da Igreja, da unanimidade que cresce em humildade e, contudo, é a verdadeira esperança do mundo.

E assim devemos, parece-me, redescobrir a grande herança do Concílio. Essa herança não é um espírito reconstruído a partir de textos, mas consiste nos próprios grandes textos conciliares, relidos hoje com as experiências que fizemos e que deram fruto em tantos movimentos e em tantas novas comunidades religiosas. Viajei ao Brasil sabendo que as seitas estavam se disseminando e que a Igreja católica parecia um tanto esclerosada; mas quando lá cheguei, vi que quase todos os dias nasce no Brasil uma nova comunidade religiosa, um novo movimento, e não somente seitas. Cresce a Igreja com novas realidades cheias de vitalidade — não para preencher estatísticas; essa é uma esperança falsa, a estatística não é a nossa divindade — as quais florescem nas almas e geram a alegria da fé, geram a presença do Evangelho, e geram assim também um verdadeiro desenvolvimento do mundo e da sociedade.

Parece-me, portanto, que devemos absorver a grande humildade do Crucificado, de uma Igreja que é sempre humilde e sempre confrontada pelas grandes potências econômicas, militares, etc., mas com essa humildade devemos também aprender juntos o verdadeiro triunfalismo da catolicidade que se manifesta através dos tempos.

Também hoje aumenta a presença do Crucificado ressuscitado, que tem e conserva as suas feridas. Ele está ferido, mas precisamente assim renova o mundo, dá o seu sopro que também renova a Igreja, apesar de toda a nossa pobreza. E eu diria que nessa combinação de humildade da Cruz com a alegria do Senhor ressuscitado, que no Concílio nos deu uma grande indicação de caminho, podemos ir em frente jubilosamente e cheios de esperança.

VII. Perguntas Feitas por Jovens da Itália

As perguntas a seguir foram feitas por jovens italianos durante um encontro com o papa Bento XVI na esplanada de Montorso, em Loretto, no dia 1º de setembro de 2007.

As perguntas, a seguir, foram feitas por jovens romanos durante um encontro com o papa Bento XVI na
esplanada de Loreto - em Loreto, no dia 7 de setembro de 2007.

52.⁵⁹ *"Muitos de nós, jovens da periferia, não temos um centro, um lugar ou pessoas com quem nos identificar. Com frequência vivemos sem história, sem perspectiva e, consequentemente, sem futuro. Parece que aquilo que esperamos verdadeiramente nunca acontece. Disso nasce a experiência da solidão e, às vezes, algumas dependências. V. Santidade, há algo ou alguém para quem podemos tornar-nos importantes? Como é possível esperar, quando a realidade nega todos os sonhos de felicidade, todos os projetos de vida?"*

Obrigado por esta pergunta e pela apresentação muito realista da situação.

Nem sempre é fácil responder perguntas a respeito das periferias deste mundo com seus grandes problemas, e não queremos viver um otimismo fácil; por outro lado, devemos ter coragem e ir em frente.

Antecipo a essência da minha resposta, dizendo: Sim, também hoje há esperança; cada um de vocês é importante porque cada um é conhecido e querido por Deus e para cada um Deus tem seu plano. Nossa tarefa é descobri-lo e responder a ele, de modo que a despeito dessas situações de precariedade e marginalização, seja possível realizar o plano de Deus para nós.

Para entrar nos detalhes, porém, vocês nos apresentaram realisticamente a situação de uma sociedade: parece difícil progredir nas periferias, mudar o mundo para melhor. Tudo parece concentrado nos grandes centros do poder econômico e político, as grandes burocracias dominam e quem se encontra nas periferias de fato parece excluído desta vida.

Então, um aspecto dessa situação de marginalização de tantos é que as grandes células da vida da sociedade, capazes de construir centros também na periferia, estão fragmentadas: a família, que deveria ser o lugar de encontro das gerações — desde o bisavô até o neto — não

---
59. Pergunta feita por Piero Tisti e Giovanna Di Mucci.

deveria ser só um lugar onde as gerações se encontram, mas onde aprendem a viver, onde aprendem as virtudes essenciais, mas ela está em perigo.

Assim, mais ainda devemos fazer o máximo possível para que a família seja viva, seja também hoje uma célula vital, o centro na periferia.

Também a paróquia, a célula viva da Igreja, deve ser realmente um lugar de inspiração, de vida e de solidariedade que ajuda as pessoas a construir juntas os centros na periferia. E, devo dizer aqui, fala-se com frequência na Igreja da periferia e do centro, que seria Roma, mas na realidade não existem periferias na Igreja, porque onde está Cristo, ali está todo o centro.

Onde se celebra a Eucaristia, onde está o tabernáculo, ali está Cristo; por conseguinte, há o centro, e devemos fazer de tudo para que esses centros vivos sejam eficazes, presentes e de fato uma força que se opõe a essa marginalização.

A Igreja viva, a Igreja das pequenas comunidades, a Igreja paroquial, os movimentos devem formar outros tantos centros na periferia e assim ajudar a superar as dificuldades que a grande política obviamente não supera e, ao mesmo tempo, devemos também pensar que, apesar das grandes concentrações de poder, precisamente a sociedade de hoje tem necessidade da solidariedade, do sentido da legalidade, da iniciativa e da criatividade de todos.

Sei que isso é mais fácil de dizer do que de fazer, mas vejo aqui pessoas que estão trabalhando para aumentar o número de centros nas periferias, para aumentar a esperança, e assim me parece que devemos tomar a iniciativa. A Igreja precisa estar presente justamente nas periferias; é preciso que o centro do mundo, Cristo, esteja presente.

Vimos e vemos hoje no Evangelho que para Deus não existem periferias. No vasto contexto do Império Romano, a Terra Santa situava-se na periferia; Nazaré era periferia, uma cidade desconhecida.

No entanto, essa mesma realidade tornou-se o centro que mudou o mundo!

Assim também nós devemos formar centros de fé, de esperança, de amor e de solidariedade, centros de um sentido de justiça, de legalidade, de cooperação. Somente assim a sociedade moderna pode sobreviver. É necessária essa coragem, é necessário criar esses centros, mesmo que pareça não haver esperança. Devemos opor-nos a esse desespero, devemos colaborar com grande solidariedade e fazer o que for possível para que cresça a esperança, para que homens e mulheres possam colaborar e viver.

O mundo — como o vemos — precisa ser mudado, e exatamente essa é a missão da juventude! Não podemos mudá-lo somente com as nossas forças, mas em comunhão de fé e de caminho. Em comunhão com Maria, com todos os Santos, em comunhão com Cristo podemos fazer algo de essencial. Eu os incentivo e os convido a ter confiança em Cristo, e ter confiança em Deus.

O fato de estarmos na grande companhia dos Santos e de ir adiante com eles pode mudar o mundo, criando centros nas periferias, para que a companhia dos santos se torne realmente visível e assim a esperança de todos possa tornar-se realista e cada um possa dizer: "Eu sou importante na totalidade da história. O Senhor nos ajudará." Obrigado.

53.[60] "Eu creio no Deus que tocou o meu coração, mas tenho muitas inseguranças, questionamentos e medos que levo dentro de mim. Não é fácil falar de Deus com os meus amigos; muitos deles veem a Igreja como uma realidade que julga os jovens, que se opõe aos seus desejos de felicidade e de amor. Diante dessa recusa, percebo toda a minha solidão de ser humano e gostaria de sentir a proximidade de Deus. V. Santidade, nesse silêncio, onde está Deus?"

---

60. Pergunta feita por Sara Simonetta.

Sim, embora crentes, todos nós conhecemos o silêncio de Deus. Há no salmo que acabamos de recitar um grito quase desesperado: "Fala Deus, não te escondas!" e há pouco foi publicado um livro com as experiências espirituais de Madre Teresa; o que até certo ponto já sabíamos mostra-se com ainda maior clareza: com toda sua caridade e a força de sua fé, Madre Teresa sofria com o silêncio de Deus. Por um lado, também devemos suportar esse silêncio de Deus para poder compreender os nossos irmãos que não conhecem Deus. Por outro, com o salmo, podemos sempre de novo gritar a Deus: "Fala, mostra-te!" E, sem dúvida, na nossa vida, se o coração estiver aberto, podemos encontrar os grandes momentos em que a presença de Deus se torna realmente sensível também para nós.

Recordo-me neste momento de uma pequena história que João Paulo II contou nos Exercícios Espirituais que pregou no Vaticano ainda antes de ser papa. Contou que, depois da guerra, recebeu a visita de um oficial russo que era cientista e que lhe disse como cientista: "Estou certo de que Deus não existe. Mas se estou numa montanha, diante da sua majestosa beleza, da sua grandeza, estou igualmente certo de que o Criador existe e de que Deus existe."

A beleza da criação é uma das fontes onde podemos realmente tocar a beleza de Deus, podemos ver que o Criador existe e é bom, que é verdade o que a Sagrada Escritura narra na história da criação — isto é, que Deus concebeu este mundo em seu coração, criou-o com sua vontade, com sua razão, e o achou bom.

Também nós devemos ser bons para ter o coração aberto e perceber a verdadeira presença de Deus. Depois, ao ouvir a Palavra de Deus nas grandes celebrações litúrgicas, nas festas da fé, na grande música da fé, sentimos essa presença. Lembro-me ainda de outra pequena história que me contou há pouco tempo um bispo em visita *ad limina*.

Havia uma mulher não cristã muito inteligente que começou a ouvir a grande música de Bach, Haendel, Mozart. Ela ficou fascinada, e um dia disse: "Preciso encontrar a fonte de toda essa beleza", e converteu-se ao cristianismo, à fé católica, porque descobriu que essa beleza tem uma fonte, e a fonte é a presença de Cristo nos corações, é a revelação de Cristo neste mundo.

Portanto, grandes festas da fé, da celebração litúrgica, mas também o diálogo pessoal com Cristo: Ele nem sempre responde, mas existem momentos em que realmente responde. Depois há a amizade, a companhia da fé.

Agora, reunidos aqui em Loreto, vemos como a fé une, como a amizade cria uma companhia de pessoas a caminho. E sentimos que tudo isso não vem do nada, mas tem realmente uma fonte, que o Deus silencioso é também um Deus que fala, que se revela e, sobretudo, que nós mesmos podemos ser testemunhas da sua presença, que da nossa fé brota realmente uma luz, inclusive para os outros.

Por conseguinte, eu diria, por um lado, que devemos aceitar que neste mundo Deus é silencioso, mas não devemos ser surdos às suas palavras nem cegos às suas manifestações em muitas ocasiões. Vemos a presença do Senhor, especialmente na criação, na bela liturgia, na amizade dentro da Igreja e, repletos da sua presença, nós também podemos oferecer luz aos outros.

Chego assim à segunda, ou antes, à primeira parte da sua pergunta: É difícil hoje falar de Deus aos amigos, e talvez ainda mais difícil falar da Igreja, porque veem em Deus somente um limite da nossa liberdade, um Deus de mandamentos, de proibições, e na Igreja uma instituição que limita a nossa liberdade, que nos impõe interdições.

Apesar disso, devemos procurar tornar a Igreja viva visível para eles, não essa ideia de um centro de poder na Igreja com esses rótulos, mas as comunidades de companheiros onde, não obstante todos os problemas da vida, que todos têm, nasce a alegria de viver.

Neste ponto, ocorre-me uma terceira lembrança. Na minha visita ao Brasil, estive na Fazenda da Esperança, uma grande comunidade onde pessoas viciadas em drogas recebem tratamento e reencontram a esperança, a alegria de viver, e testemunham exatamente que a descoberta de que Deus existe faz com que a cura do desespero tenha significado para elas. Compreenderam assim que a sua vida tem um sentido e reencontraram a alegria de estar neste mundo, a alegria de enfrentar os problemas da vida humana.

Em cada coração humano, apesar de todos os problemas que existem, há a sede de Deus, e quando Deus desaparece, desaparece também o sol que dá luz e alegria.

Essa sede de infinito que está nos nossos corações manifesta-se inclusive na realidade das drogas: o homem quer aumentar o valor da vida, ter mais da vida, ter o infinito, mas a droga é uma mentira, um engano, porque não amplia a vida, mas a destrói.

Verdadeira é a grande sede que nos fala de Deus e nos coloca no caminho para Deus, mas devemos ajudar-nos uns aos outros. Cristo veio para criar uma rede de comunhão no mundo, onde todos juntos podemos levar-nos uns aos outros e assim ajudarmo-nos a encontrar juntos a estrada da vida e entender que os mandamentos de Deus não são limitações da nossa liberdade, mas caminhos que guiam para o alto, para a plenitude da vida.

Rezemos ao Senhor para que nos ajude a compreender a sua presença, a ser plenos da sua Revelação, da sua alegria, a ajudar-nos uns aos outros na companhia da fé para irmos adiante e com Cristo encontrar cada vez mais o verdadeiro rosto de Deus e, assim, a verdadeira vida.

Apêndice

Referências das Sagradas Escrituras

Deuteronômio 30:19
Lucas 9:24
Deuteronômio 30:16
João 17:3
Gênesis 2:24-5
Mateus 24:42-51
João 7:38
Apocalipse 2:5
João 6:68-9
Efésios 5:21-33
Lucas 2:19; cf. 2:51
Romanos 8:26
Efésios 2:12-3
João 6:69
João 10
1 Pedro 3:15

Edições Loyola

impressão acabamento
rua 1822 n° 347
04216-000 são paulo sp
T 55 11 2914 1922
F 55 11 2063 4275
www.loyola.com.br